ORGANIZATION DEVELOPMENT 03

다시 세우는 인재 전략

ORGANIZATION DEVELOPMENT 03

다시 세우는 인재 전략

고령화 시대, 성장과 생존 사이 HR

고광모, 이종표 지음

리더십은 다시 선택된다. 그 선택이 조직의 미래를 바꾼다.

차례

서론 | 고령화 시대, 리더십의 새로운 도전 ———————— 009

1장 세상은 늙어 갑니다 (고령화) ———————— 021

정말 빠르게 늙어 갑니다 ———————— 022
연공주의는 고도성장기에
    효과적으로 작동되는 제도였습니다 ———————— 031
고도성장기가 끝나고 고령화되는 인력 구조에서는
    연공주의가 발목을 잡습니다 ———————— 033
직위, 직급, 직책 개념을 구분합시다 ———————— 035
누구나 승진하는 시대는 끝났습니다 ———————— 037
세상의 변화는 나이와 상관없이 적응을 요구합니다 ——— 040

2장 고령화는 세대 갈등을 낳습니다 (세대 갈등) 043

이미 우리 회사에는 5세대가 함께 합니다 ———————— 044
가치관이 언젠가 같아지지는 않을 겁니다 ———————— 049
나이 많다고 자랑하지 맙시다 ———————— 052
과거의 리더십은 경영 실패를 낳을 수 있습니다. ———— 053
그럼에도 누구도 꼰대가 되기를 원하지는 않습니다 ——— 056
왜 잘못된 리더를 승진시킬까요? ———————— 059
더 이상 잘못된 리더의 행동에 대해 참지 않습니다 ——— 064
상사를 따라하다 보니 젊은 꼰대가 되었습니다 ———— 067
게임의 룰을 바꿔야 합니다 ———————— 069

3장 리더는 하기 싫고 리더를 시켜주기도 싫고 (언보싱) — 075

- 왜 리더가 되기 싫은 걸까요? — 077
- 회사도 리더가 점점 필요 없습니다 — 080
- 평평하고 에자일한 조직 운영은
  관리직 역할의 근본적인 변화를 요구합니다 — 081
- 언보싱에 잘못 대응하면 리더십은 붕괴합니다 — 084
- 언보싱을 적절하게 설계해야 합니다 — 087
- 그럼에도 리더는 필요합니다 — 090

4장 리더로 버티다 점점 더 지쳐갑니다 (번아웃) — 095

- 지치면 아무것도 하기 싫어집니다 — 097
- 왜 지쳐 갈까? — 101
- 리더가 지치면 조직도 지칩니다 — 103
- 지쳐가는 리더를 도와주어야 합니다 — 106

5장 세상은 연결되는데 리더는 자기 영역에 갇혀 있네요 (사일로현상) — 113

- 사일로는 어떻게 나타나고 있나요? — 116
- 사일로 현상은 왜 생기나요 — 119
- 사일로 현상은 조직이 커질수록,
  기능이 세분화 될수록 위험이 커집니다 — 121
- 사일로는 지속적인 노력을 통해 극복될 수 있습니다 — 124
- 실천 방안 — 126

6장 자고나면 세상은 변하고 적응은 힘들고 (디지털 전환) — 131

세상의 변화는 모두를 불안하게 합니다 — 133
세상의 변화는 리더의 역할을 바꾸고 있습니다 — 136
왜 리더십 교육은 실패할까요? — 142
리더에게는 어떤 역량을 강화해야 할까요? — 145

7장 고령화 시대에 리더를 어떻게 준비하고 선발할까요 — 149

인재 파이프라인을 재설계해야 합니다:
    선발에서 승계까지 — 152
리더의 개발 로드맵을 바꾸어야 합니다 — 154
승진 개념을 보상에서 선발로 바꾸어야 합니다 — 157
기존 리더 선발 방식의 문제점과 한계는 무엇일까요 — 160
리더 선발이 필요할 때 우리는 정보가 충분할까요 — 163
이제는 객관적인 정보가 필요합니다 — 166
최적의 인재 선발 및 개발을 위해
    평가 방법을 조합해야 합니다 — 185

8장 미래 지향적 리더십을 위해 평가 센터(AC) 및 개발 센터(DC)를 전략적으로 활용합시다 ─ 189

- 역량 개발센터 프로세스는 어떻게 될까요 ─ 191
- 사후 점검 과정 ─ 194
- 지금 평가/개발 센터(AC/DC)는 더 필요합니다 ─ 194
- 리더십 개발교육의 한계를 DC가 극복하는 데
  도움이 됩니다 ─ 197
- AC와 DC의 차이점은 무엇일까요 ─ 200
- AC/DC 프로그램 구현 시 고려해야 할 건 무엇일까요 ─ 202

9장 리더는 왜 자기를 알아야 할까요 (자기 인식) ─ 211

- 자아란 무엇일까요? ─ 214
- 나는 몸이고, 마음이고, 관계이며 역사입니다 ─ 216
- 나를 존중하고 자신을 격려합시다 ─ 226
- 끊임없이 나를 건강하게 변화시켜야 합니다 ─ 229
- 리더십은 이론적인 유형의 흉내 내기가 아니라
  자아의 발현입니다 ─ 232
- 리더십은 자아와 자아의 만남에서 완성됩니다 ─ 234

| 부록 |
AC/DC 운영 사례 ─ 237

서론
고령화 시대, 리더십의 새로운 도전

한때 기업에서는 승계계획이라는 프로그램을 도입하였다가 "누구는 쭉정이고 누구는 알갱이냐, 승계계획에 들어가지 않으면 승진도 못 하는 거냐" 등의 저항에 부딪혀 흐지부지된 적이 있었습니다. 호봉제라는 임금 체계에서는 직급별로 기본급이 책정되고, 4~5년 주기로 승진 연한을 채우면 승진이 이루어져 기본급이 인상되었습니다. 이러한 구조에서는 승진은 리더의 자격이나 역량에 의해 선발되는 것이 아니라 승진 자체가 보상의 일부였습니다. 그러다 최근에는 선임 부장들이 팀장을 안 하려고 하거나, 젊은 세대에서 리더십 포비아에 의한 언보싱 현상이 나타나고 있습니다. 누구나 승진을 바라고, 만년 대리, 또는 과장 직급을 달고 있으면 사회적으로도 실패한 것으로 간주하고, 연봉은 안 올라도 승진은 시켜 달라던 상황이 왜 이렇게 변한 걸까요.

많은 이유가 있겠지만 리더에 관한 승진 메커니즘과 승진 문화의 변화에는 크게 두 가지 요인이 결정적인 영향을 미쳤다고 생각합니다.

첫 번째는 고령화입니다. 80년대만 해도 박사학위를 가지면 임원으로 채용되고, 석사학위를 가지면 대리 직급을 받을 수 있었습니다. 당시 평균 연령은 30대 초반이었고요. 지금은 많은 대기업의 평균 연령이 40대 중·후반입니다. 최근 한 기업에서 정년이 65세로 연장되었을 때를 시뮬레이션한 결과 평균 연령이 50대가 되는 것으로 나타났습니다. 전통적인 의미에서 차·부장이 4,50대이고, 팀장은 이들 중에 선임이라면 평균 연령 50대라는 의미는 저직급자도 없으며, 직원 대부분이 팀장 후보가 된다는 겁니다. 일부 기업에서는 해고가 어려우니 선임 팀장들을 임원으로 승진시켜 1년 만에 해임하고 있어서 일부 고직급자들이 임원이 안 되려고 팀장 승진을 피한다고 합니다. 때가 되면 승진을 통해 동기부여 하기에는 이미 때가 지나도 한참 지나버린 거죠.

두 번째는 디지털 변환입니다. 비즈니스 환경의 변화 속도는 전례 없이 빨라지고 있습니다. 〈한경닷컴〉 보고서에 따르면, 지난 4년간 비즈니스 환경의 변화 속도는 2.83배로 증가하여 2020년에 1년이 걸리던 변화가 이제는 4개월 만에 일어나는 수준입니다. 챗GPT 출시 2년 만에 주간 사용자 3억 명을 돌파하고 〈포춘〉 500대 기업의 90% 이상이 OpenAI 기술을 활용하는 등 AI 기술의 확산 속도는 전례 없이 빠릅니다. 이러한 변화는 고용의 안정성에 영향을 미칩니다. 즉 평생직장에 대한 신뢰가 약해지고, 개인들은 자신의 고용 가능성을 스스로 관리해야 한다는 불안감이 높아집니다. 즉 한 조직에서의 승진에 매달리다 시대에 뒤처지기보다는 경력 개발과 직무 전문성 확보에 더 많은 관심을 가지게 됩니다. 한편으로 새로운 업무 혁신이나 디지털 변환은 전문성과 적응력이 떨어지는 기존의 리더에게 역할 변화의 부담을 가중하게 되고, 적합한 리더의 선발에 대한 검증 및 육성 이슈를 증폭시키게 됩니다.

실제 제 삶을 돌이켜 보면 64년생인 저의 인생이 곧 한국 기업과 사회의 변화 과정이라는 생각이 듭니다. 초등학교에 입학했을 때 교실은 부족하고 학생은 많아서 오전반과 오후반으로 나누어 학습했지요. 이때 출산과 관련한 구호가 '딸 아들 구별 말고 둘만 낳아 잘 기르자'였습니다. 제가 대학에 들어갈 무렵 한국 기업들은 경공업 중심에서 중공업 중심으로 전환하고 대기업들이 한창 규모를 늘리느라 자고 나면 계열사가 생기던 시절이었습니다. 그래서 대졸 관리자와 엔지니어가 필요한데, 대학의 정원은 수요에 비해 턱없이 부족해서 입학은 쉽게 졸업은 어렵게 한다는 졸업정원제가 도입되었습니다. 덕분에 제가 나온 사회학과만 해도 정원이 2.5배 늘어 상대적으로 쉽게 입학했습니다. 졸업 후 취직을 할 때 사회적 동의가 있었는데 이는 평생직장과 때가 되면 승진하고, 해마다 자동으로 호봉이 올라가면서, 조직은 계열사가 만들어지거나 연평균 성장률이 계속 높게 유지되는 안정적인 시절이었습니다. 그러다 97년 IMF 외환위기가 발생하면서 구조조정이 일어나고, 성과주의가 도입되어 모두가 자동으로 인상되던 세상에서 차등 인상이 되고 성장이 멈추게 되니 직급은 다단계화되고, 관리자 직책을 받기가 갈수록 어려워지거나 무보직 고직급자가 나오기 시작했습니다. 그러는 사이에 한국 사회는 점점 고령화돼 와서, 60세면 당연히 은퇴하고 환갑잔치를 벌이고 70세 전후로 인생을 정리하던 프레임이 바뀌어 100세 인생을 준비해야 할 뿐만 아니라 조만간 있을 정년 연장에 맞추어 어떻게 하면 고용 가능성을 유지해야 할지를 고민하게 되었습니다. 고용 가능성을 유지할 수 있는 정년 연장은 되겠지만 한편으로는 AI를 통한 업무 혁신과 자동화 세상에서 꼰대가 되지 않으려면 어떻게 해야 할지 고민입니다.

   저의 개인적인 고민은 기업의 고민이기도 합니다. 해고가 자유롭지 않은 상황에서 정년이 연장되면 조직의 활력이나 인건비 관리가 고민되고, 보직을 갖지 않는 고령 인력의 증가, 관리자들의 고령화, 젊은 세대의 단기 보상과 자아실현 요구에 따른 언보싱, 디지털 세상에 대한 관리자들의 역량 향상 등등 많은 문제가 이미 발생했는데 정년 연장 또는 평균 연령의 상승은 이러한 문제를 더 심화시키게 될 것입니다.

　이에 이 책은 고령화가 리더십에 주는 영향과 대응 방안에 대해 다루어 보고자 합니다. 이는 기업의 고민뿐만 아니라 개인들에게도 이러한 세상에서 리더가 될 것인지, 리더가 아닌 다른 경로를 설계할 것인지에 관해 근본적인 질문을 해봐야 한다고 생각합니다. 또한 리더가 되고자 한다면 무엇을 준비하고 리더라면 어떤 역할과 역량이 요구되는지를 스스로 인식할 필요가 있습니다.

　이 책은 크게 9장으로 구성되어 있습니다. 고령화되면 기업 내 평균 연령이 올라가고, 디지털 변환이 빨라질수록 적응의 이슈가 심화합니다. 인구 구조의 변화는 세대 갈등을 낳고, 가치관의 변화와 조직 운영 방식의 변화는 언보싱 현상, 사일로 현상 등을 심화시키고, 관리자들을 번아웃시키게 됩니다. [표 1]은 고령화로 인한 리더십 위기 구조를 나타내고 있습니다. 이 책은 이러한 위기 구조를 반영하여 다음과 같이 구성했습니다.

　1장에서는 인구 구조의 고령화와 기업의 평균 연령 상승에 대한 현상을 파악하여 한국 기업들이 얼마나 빠르게, 심각하게 고령화되어 가는지를 살펴보고, 전통적으로 유지됐던 연공주의로는 더 이상 이러한 시대에 대응할 수 없으며, 특히 누구나 리더가 되거나

[표 1] 고령화로 인한 리더십 위기 프로세스

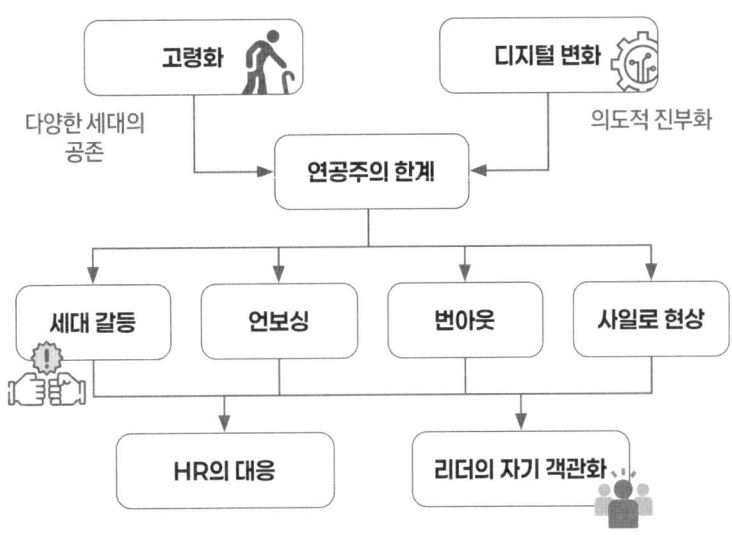

될 수 있다는 패러다임을 의도적으로 검증하여 선발된 소수의 리더라는 패러다임으로 바꿔야 함을 다룹니다.

2장에서는 평균 연령이 증가한다는 것은 연령대로 보아도 20대부터 60대까지, 베이비붐 세대에서 Z세대까지 가치관 측면에서 5세대가 조직 생태계 안에 공존하는 것을 뜻합니다. 다양한 세대 구성에서 오는 세대 갈등을 어떻게 다룰 것인지, 승진을 보상 관점에서 다루는 가운데 준비되지 않거나 검증되지 않은 리더로 인한 독성 리더십과 승진의 역설을 분석합니다. 또한 나이 든 리더의 꼰대 리더십뿐만 아니라 이들을 보고 배운 젊은 꼰대 리더십으로 인한 리더십 위기를 분석하고자 합니다.

3장에서는 평생직장의 신화가 끝나고, 디지털 변화의 속도가 빨라지는 가운데 젊은 세대에게 승진의 의미는 어떻게 변화하는지, 중간관리자들의 전통적인 역할이 업무 혁신의 대상이 되면서 어떻게 소멸하는지를 언보싱 관점에서 살펴보고자 합니다. 리더가 되기 싫어할 만한 구조적 동기가 무엇인지, 단순히 지시하고 정보를 취합하는 관리자 역할이 왜 사라지고 있는지를 살펴보면서 그럼에도 리더는 왜 필요하고, 왜 잘 선발해야 하는지 알아보겠습니다.

4장에서는 세상의 변화에 적응하랴, 다양한 구성원들의 요구에 대응하랴, 경쟁의 심화에 따른 성과 압박에 대응하는 가운데 지쳐가는 리더들의 번아웃에 대해 살펴보겠습니다. 고령화와 디지털 변환이 심화할수록 리더에게는 부담만 가중되고, 책임에 대한 압박이 높아지겠지요. 이렇게 되면 될수록 언보싱하고자 할 것이고, 리더십 실패는 더 빈번해질 것입니다. 따라서 리더를 잘 선발하는 것도 중요하지만 잘 유지하는 것도 중요합니다.

5장에서는 리더의 고령화가 기존의 고정관념이나 편견에 집착하거나, 오랜 관리자 생활을 통해 자신의 영역을 지키는 데 급급하게 될수록 조직의 사일로 현상을 더 강화하는 문제에 대해 다루고자 합니다. 기술 변화의 속도가 빠를수록 모든 기능을 내부화하기보다 네트워킹해야 하고, 에자일한 조직 운영이나 민첩한 고객 대응의 요구가 높아지는데, 리더들의 편견이나 자기 자리 지키기는 조직 간의 벽을 더 단단하게 할 수 있습니다. 안정된 경영 환경에서는 사일로 현상으로 인한 문제가 덜 심각하겠지만, 이제는 신속한 경쟁력 확보라는 측면에서 기업의 생존과 직결되는 문제가 되는 것 같습니다.

6장에서는 디지털 변환으로 인한 적응의 문제를 다룹니다. 단순한 지식이나 정보는 제미나이^{Gemini} 같은 검색 엔진에 물어보면 되고, 팔란티어의 온톨로지로 모든 정보가 디지털 트윈화되면 아는 것이 많은 리더는 사라지고 정답 없는 세상에 끝없이 배워야 하는 리더가 요구될 겁니다. 소위 짬밥으로 때워지지 않는 세상이 되는 거지요. 일상이 불안하고 불확실한 세상에서 고령화된 리더들은 적응의 문제가 심각해지고, 기존의 리더십 교육은 효과적이지 않습니다. 어떤 역량을 어떻게 키워야 할지에 대해 많은 고민이 요구됩니다.

7장에서는 리더십 위기의 시대에 HR이 어떤 역할을 해야 하고, 특히 연공서열을 뛰어넘어 객관적인 근거에 의한 리더 선발을 어떻게 해야 할지에 대해 다루고자 합니다. 보상으로서의 승진이 아니라 잠재된 후보군의 발굴, 육성 및 검증된 선발과 유지를 위해서는 객관적인 평가 방법의 강화가 필요합니다. 또한 아울러 이론과 강의 중심에서 개별적 사고와 행동 중심의 교육 방법의 변화까지 필요합니다. 다양한 평가 방법에 대해 알아보고 타당도가 높으나 아직은 많이 활용되지 않는 평가센터와 개발센터의 필요성을 알아보도록 합니다.

8장에서는 평가센터와 개발센터에 대해 알아보도록 하겠습니다. 기존의 감, 근속 햇수나 인사 평가 등의 한계를 보완하여 객관적인 검증을 통해 미래의 잠재적인 역량을 파악하기 위한 평가센터, 구조화된 자극에 대해서 반응 행동을 보이도록 하고, 이를 동영상으로 촬영, 시청하여 자기 자신을 객관화하도록 해주는 개발

센터에 대해 알아보도록 하겠습니다.

9장에서는 리더의 역할을 수행하거나 수행하려는 사람들에게 꼭 필요한 자기 인식에 대해 다루고자 합니다. 리더도 자기만의 가치관, 성격 특성, 인생 경험이 있고 구성원들도 각자 고유한 개성이 있습니다. 리더십의 완성은 타인에게 영향력을 행사하여 타인이 스스로 동기부여 되어 행동해야 하는 것입니다. 다양한 세대로 구성되고 자아의 존중과 성장 욕구가 커지는 세상에서는 리더 개개인의 자아 인식이 중요합니다. 이런 면에서 타인에게 영향력을 행사하기 전에 일상에서 빛나는 직원 경험을 만들어 주는 리더가 되기 위해 나는 누구인가를 끝없이 자각할 필요가 있습니다.

이 책은 먼저 HR 담당자들에게 인력 구조의 변화 및 기존 인사 체계의 한계, 리더십 승계와 효과적인 선발, 육성 등에 대해 도움이 되고자 합니다. 아울러 고령화 및 리더십 위기로 인한 세대 갈등, 언보싱, 승진의 역설, 리더의 번아웃, 사일로 현상, 디지털 트랜스포메이션 등의 경영 이슈에 대한 리더십 측면에서의 대응에 도움이 되고자 합니다.

또한, 고령화되고 변화가 빠른 세상에서 리더가 되고자 하거나 리더인 분들에게 그들이 좋은 리더가 되기 위해서 직면할 이슈들과 이를 어떻게 극복할지에 관해 도움이 되고자 합니다. 세대 갈등을 효과적으로 다루기, 꼰대 및 독성 리더 안 되기, 번아웃되지 않기, 부서 간, 세대 간 장벽이 되지 않기 등을 다루고 있습니다.

마지막으로 리더를 꿈꾸지 않는 분들에게 막연하게 리더십 포비아를 갖기보다 새로운 시대의 리더상을 살펴보고 정말 리더가 되지 말아야 하는지, 준비만 잘하면 리더가 될 수 있는지, 리더가 되고자 한다면 어떤 역량을 키워야 하는지에 대해 살펴보는 데 도움이 되었으면 합니다.

인류가 무리를 이루어 사바나에서 사냥을 시작한 이래 조직은 리더 없이 존재할 수 없습니다. 그렇기에 리더가 없는 세상보다는 리더들이 더 잘하는 세상을 계속 만들어 가는 것이 세상을 더 잘 만들어 가는 길이라고 봅니다.

1장

세상은 늙어 갑니다

: 고령화

정말 빠르게
늙어 갑니다

현재 한국 사회의 고령화는 어느 정도 진행되고 있으며, 이러한 고령화가 기업에 어떤 영향을 미치게 되는지 살펴보겠습니다.

한국은 전 세계적으로 유례없이 빠른 속도로 초고령사회에 진입하고 있습니다. 행정안전부와 통계청 자료에 따르면, 국내 65세 이상 인구는 2024년 12월 23일 기준 전체 주민등록 인구의 20%를 돌파하며 '초고령사회'에 진입했습니다. 이는 2000년 고령화사회 진입 이후 불과 7년 4개월 만에 달성된 것으로, 고령화 추세가 가파른 것으로 알려진 일본(10년)보다도 빠른 속도입니다.

이러한 고령화는 더 가속화될 전망입니다. 통계청의 2024년 고령자 통계에 따르면, 2024년 현재 19.2%인 65세 이상 고령인구 비중은 2025년에 20%, 2036년에 30%, 2050년에는 40%를 넘어설 것으로 예상됩니다. 특히, UN DESA의 2024년 세계인구전망 보고서는 2023년 70.7%를 차지하던 15~64세 생산가능인구 비중이 2100년 46.2%로 급감하고, 65세 이상 고령층 비중은 18.3%에서 45.2%로 많이 증가하여 두 연령층의 비중이 거의 비슷한 수준이 될 것으로 전망합니다. 한국 사회를 하나의 조직이라고 한다면 구성원의 절반 가까이가 장기근속자라는 겁니다.

이러한 인구 구조 변화는 1차 베이비붐 세대(1955~1963년생, 712만 명)와 2차 베이비붐 세대(1964~1974년생, 954만 명)의 고령층 진입과 세계 최저 수준의 합계출산율(2023년 0.72명)이 복합적으로 작용하여 더 가속화될 것으로 보입니다. 이처럼 유례없는 속도로 진행되는 고령화는 단순히 인구 통계 변화를 넘어선 심각한 함의를 가집니다. 우선 생산가능인구와 고령층 인구 비중이 거의 역전되는 '데드 크로스' 현상을 예고하며, 이는 미래 세대가 감당해야 할 사회적 부양 부담이 기하급수적으로 증가할 것임을 의미합니다. 이는 경제 활력 저하와 사회 시스템 불안정으로 이어질 수 있습니다. 제가 군에 입대할 당시에는 내무반에서 걸레질하는 걸레 담당은 주로 내무반 막내 군번이 했습니다. 보통은 3개월이나 4개월 뒤에 막내가 들어와 걸레를 놓는 건데 내무반의 물갈이가 이루어진 뒤에 입대하면 이병, 일병, 상병으로 진급하여도 막내가 안 들어와 걸레 담당을 해야 하기도 했습니다. 한국 사회가 데드 크로스 된다면 나이가 들어도 말년 걸레 담당이 되어서 조직의 선임들을 부양해야 할 겁니다.

고령화는 한국 경제 및 사회 시스템에 광범위한 파급 효과를 미치고 있습니다. 이는 단순히 개별적인 문제들의 나열이 아니라 '연쇄적인 취약성'이 심화하는 구조를 형성하고 있습니다.

첫째, 노동 공급 감소에 따른 생산성 약화와 경제성장률 하락은 불가피합니다. K은행은 2024~2026년 잠재성장률을 연평균 2% 수준으로 추정했으며, 2045~2049년에는 0.6%까지 낮아질 것으로 분석했습니다. 2022년 한국의 노동생산성은 전년 대비 0.22% 감소하며 마이너스 전환을 기록했고, 대기업과 중소기업 간 생산성 격차는 OECD 최고 수준입니다. 이는 기업 경쟁력을 갖추고 있으며, 로봇 활용이나 자동화 등에 투자 여력이 있는 대기업과 중소기업 간 고령화에 따른 적응 격차를 더 심화시킬 것으로 보입니다.

둘째, 사회적 부담이 급증하고 있습니다. 국민연금 고갈(2055년 예상)과 건강보험 안정성 위협 등 사회적 부담이 증가할 것으로 분석됩니다. 경제 활력 저하는 이러한 사회적 부담을 가중하는 요인으로 작용합니다. 실제 일을 하는 동안에는 인지적 자극이나 조직 생활이 은퇴자들보다 건강을 더 잘 유지하고 있다는 점에서 정년 연장은 연금 부담뿐만 아니라 건강보험료 지급 측면에서 사회적 비용을 감소시키게 됩니다.

셋째, 고령화는 노인 기준 연령 상향 논의와 정년 연장 문제를 촉발하고 있습니다. 현재 법적 노인 연령은 65세(1981년 제정)이지만, 2024년 기대수명은 84.3세로 증가하여 사회 변화에 맞는 연령

상향 주장이 꾸준히 제기되고 있습니다. 2023년 노인실태조사에서는 노인이 스스로 노인이라고 생각하는 연령이 71.6세로 나타났습니다. 고령화 심화로 인해 정년 제도의 변화는 피할 수 없는 과제입니다. 2025년 초고령사회 진입을 앞두고 정년 연장(60세→65세)의 필요성에 대한 사회적 공감대가 형성되고 있으며, 궁극적으로는 정년 제도 자체를 폐지하는 논의까지 제기되고 있습니다. 정년 연장은 단기적으로 소득 공백 문제를 해결하고, 장기적으로는 고령 인력의 경제 활동을 지속시켜 국가 경제 활력 유지에 이바지할 수 있습니다.

현재 기업 환경에서도 고령화는 피할 수 없는 현실이 되고 있습니다. 2022년 기준 55~64세 고령자 고용률은 68.8%로 전년 대비 2.5% 증가하며 고령 인력의 노동시장 참여가 활발해지고 있습니다. 이는 고령 인력이 노동 시장의 중요한 축으로 자리 잡고 있음을 보여줍니다.

그러나 기업 내 고령 인력의 분포는 디지털 전환 여부에 따라 큰 차이를 보입니다. 디지털 전환 기술을 도입한 기업 중 50대 이상 종사자 비중은 약 5.9%에 불과하지만, 미도입 기업에서는 약 18.1%로 나타나, 고령 인력이 디지털 전환에 뒤처지거나 배제되고 있음을 시사합니다. 이는 단순히 나이 든 인력이 많다는 것을 넘어, '숙련된 고령 인력'이 '새로운 시대에 필요한 역량'을 갖추지 못하면 기업의 생산성 저하로 이어질 수 있다는 '디지털 격차' 문제를 명확히 보여줍니다.

장기근속 인력의 비중을 보면 남성(47.8%)이 여성(24.4%)보다 높고, 업종별로는 은행(54.8%)과 보험(53.9%)에서 높게 나타납니다. 이는 특정 산업 및 직무에서 고령 인력의 숙련도가 높게 유지되고 있음을 의미하며, 상대적으로 안정된 수익과 지급능력을 갖춘 산업은 고령화된 인력 구조를 더 잘 유지하고 있음을 나타냅니다.

고령화는 기업의 조직 구조와 역동성에 직접적인 영향을 미칩니다. S전자의 사례에서 볼 수 있듯이, 2010년 55.7%를 차지했던 20대 이하 직원의 비율이 2023년 27.1%로 급감했지만, 40대 이상 직원의 비율은 30.4%로 증가하는 등 고용 인력의 전반적인 연령 구조가 변화하고 있습니다. 특히 간부급 이상 비율이 35%에 달하는 등 중장년층과 고직급 중심의 조직이 형성되는 경향이 나타나고 있습니다. 한국 기업의 인력 구조는 신입사원 채용 감소와 시니어 인력 증가로 인해 '깔때기형'으로 빠르게 변화하고 있습니다. 이는 청년 인력은 적고 고령 인력으로 채워진 구조를 의미하며, 이미 일부 대기업에서는 차장급 이상 시니어 인력이 전체의 60% 이상을 차지할 것으로 예상됩니다. 실제 N식품의 영업 지점에는 차장급 이상의 인력이 70%를 차지하고 있는 데다가 지점장보다 나이 많은 영업 인력이 점차 늘어나고 있는 상황입니다.

이미 전체적으로 고령화 현상이 나타나고 있는 상황에서 현재 논의 되고 있는 정년 연장은 기업의 인력 구조를 더 '깔때기형'으로 심화시킬 가능성이 높습니다. '깔때기형 인력 구조'는 신입사원 채용이 줄어들어 젊은 인력은 적고, 고령 인력으로 채워진 상후하박上厚下薄 형태를 의미합니다. 이미 일부 기업에서 시니어 인력이 전체의 60% 이상을 차지하는 상황에서 정년 연장은 시니어의 비율을 더 높이게 될 것입니다.

정년이 연장되면 기존 고직급자들이 조직 내에 더 오래 머무르게 되면서, 이러한 깔때기형 구조는 더 공고해집니다. 이는 기업의 인건비 부담을 가중하고, 젊은 인재의 유입을 저해하며, 조직 전체의 활력을 떨어뜨리는 주요 원인이 될 것입니다. 특히 한국은 입사 초임 대비 최고 임금 간의 격차가 전 세계적으로 가장 큰 국가 중 하나로, 30년 근속자의 임금으로 신입사원 3명 이상을 고용할 수 있을 정도의 높은 연공성을 보입니다. 이러한 과도한 연공성은 정년 연장 시 기업에 막대한 인건비 부담으로 작용하여, 신규 채용을 더 위축시킬 수 있습니다.

또한 정년 연장은 승진제도에 직접적인 영향을 미쳐 다음과 같은 문제점을 초래할 수 있습니다.

1 | 승진 적체 심화

정년이 연장되면 고직급자들이 조직에 더 오래 잔류하게 되어, 젊은 세대의 승진 기회가 감소하고 인사 적체가 심화할 수 있습니다. 이는 특히 연공서열 중심의 승진 관행이 강한 한국 기업에서 더 두드러질 수 있습니다.

2 | 젊은 세대의 동기 저하 및 이탈

승진 기회가 줄어들면 젊은 직원들의 업무 동기가 저하되고, 심지어 승진을 기피하는 현상이 심화할 수 있습니다. 이는 우수 인재의 이탈로 이어질 가능성도 있습니다. 승진이 더 이상 매력적인 동기 부여 요인이 되지 못하고, 오히려 승진 시 연장/휴일근로수당이 없어지거나 급여 반납 압박을 받는 등 '얻는 것보다 잃는 것이 더 많은' 상황이 발생하기도 합니다.

3 | 세대 간 갈등 유발

제한된 승진 기회를 두고 젊은 세대와 고령 세대 간의 갈등이 심화할 수 있다는 우려가 제기됩니다. 젊은 층은 정년 연장이 자신들의 신규 채용 기회를 감소시키고 승진을 막는다고 인식할 수 있습니다.

그동안 한국 기업에서 유지되어 온 인사시스템은 연공주의에 입각한 호봉제, 종신고용, 다단계 직급 체계 및, 승진 연한 제도 등이었습니다. 연공 기반의 임금 및 승진 제도는 변화된 경영 환경 속에서 점차 유효성을 잃어가고 있습니다.

고령화는 인건비 증가와 조직 활력 저하를 직접적으로 초래하며, 연공주의와 결합하여 '깔때기형' 인력 구조를 심화시키고, 이는 승진 정체, 조직 활력 저하, 미래 인력 부족이라는 구조적 문제를 낳습니다. 나아가 연공 기반의 승진 제도는 직원들의 동기 부여를 저해하고, 때로는 관리자에 대한 낮은 보상과 높은 책임으로 인해 승진을 기피하게 만드는 현상까지 발생시킵니다. 이 모든 문제는 전통적인 직급 체계, 특히 연공주의적 요소가 강한 직급 체계가 고령화 시대의 변화된 환경에 적응하지 못하면서 발생하는 '총체적 인력 관리 위기'로 볼 수 있습니다. 직급 체계는 단순히 호칭이나 서열을 넘어, 임금, 승진, 동기 부여, 조직 활력, 심지어 미래 인력 구조까지 결정하는 핵심 인프라 역할을 수행합니다.

고령화가 리더십 측면에서 어떤 영향을 가져오는지를 알기 위해서는 우리 기업의 바탕을 이루고 있는 연공주의의 역사적 전개 과정과 구조적 특징을 살펴볼 필요가 있습니다. 고령화와 정년 연장은 근본적으로 연공주의와의 결별을 요구하기에 리더십 측면에서 연공주의의 한계를 파악하는 것은 중요합니다. 이제는 과거의 프레임을 벗어날 때가 되었습니다.

첫째, 연공주의에서는 승진 연한이 있어서 때가 되면 승진할 것이라는 기대를 합니다. 그러나 이제 누구나 연한 채우면 관리자나 리더가 되리라는 기대를 버려야 합니다.

둘째, 승진 연한을 채운 사람 중에서 차례대로 리더로 선발하지 말아야 합니다. 자고 나면 계열사가 만들어지지도 않고, 성장은 정체된 데다가 한편으로는 에자일 조직 운영이나 업무 혁신을 통해 리더 보직은 점점 감소하고, 후보자는 더 증가하는 상황에서 순차적인 보직 관리는 더 이상 유지할 수 없습니다.

셋째, 디지털 세대 격차나 혁신의 속도 증가에 따라 나이나 근속 연한이 관리자 선발 기준이 될 수 없습니다. 연차를 고려하기보다는 새로운 환경이나 역량에 맞는 잠재적인 후보군을 잘 파악하여 적절한 시점에 신속하고 과감한 리더 선발이 필요합니다.

그럼에도 우리는 여전히 종신 고용, 연공서열의 프레임으로 누구나 관리자가 되려고 하며, 이로 인해 준비된 사람이 리더가 되는 게 아니라 구조적으로 어쩔 수 없이 관리자가 되고, 리더십 실패로 인한 고통에 시달리고 있을지도 모릅니다.

연공주의는 고도성장기에 효과적으로 작동되는 제도였습니다

한국 기업의 전통적인 직급 체계는 연공주의에 깊이 뿌리를 두고 있습니다. 연공주의는 근속 햇수, 학력, 연령 등 개인의 속인적 특성에 따라 임금 및 직급이 결정되는 방식을 의미합니다. 이러한 시스템은 한국의 고도성장기에 기업의 효율성을 높이는 데 기여했습니다. 고도성장기에 현재와 같은 성과급이 도입되었다면 성과급 지급 규모가 얼마나 커질 것인가를 생각해 보십시오. 기업의 성과와 상관없이 호봉 승급분에 기본 인상률만 모든 구성원에게 일률적으로 지급하고 대신 종신 고용을 통해서 지속적으로 임금을 안정적으로 인상해 나가는 제도입니다. 즉 대규모 공채를 해마다

하여서 젊은 인력들을 공급하고, 이들에게 실제 역량과 성과보다 낮은 임금을 지급한 후에 나중에 장기근속을 할수록 고정된 임금을 올려준다는 체계이니 기업들이 규모를 빠르게 확대하고 연평균 성장률이 두 자릿수를 넘기는 상황에서 기업에는 높은 수익성을 구성원들에게는 장기적인 안정성을 함께 제공할 수 있었습니다.

호봉제는 한국 기업의 지배적인 임금 체계로서 여전히 공고한 위치를 차지하고 있습니다. 2015년에도 전체 기업의 65.1%가 호봉제를 운용하고 있었으며, 중소기업이나 생산직에는 강력한 영향력을 보여줍니다. 호봉제하에서는 성과 평가에 따른 승급보다는 자동 승급이 지배적입니다. 이러한 자동 승급은 매년 노사 간 임금 교섭을 통해 결정되는 일률적인 임금 인상(베이스업)과 결합하여 매우 강력한 연공 효과를 발휘합니다.

성과주의를 표방한 지 오래되었음에도, 한국 기업의 보상 체계는 여전히 연공 요소가 강합니다. 역할이나 성과보다는 근속이 오래될수록 급여를 더 많이 받는 구조가 일반적입니다. 심지어 최하위 평가 등급을 받더라도 일정 수준의 급여 인상은 이루어지며, 이러한 급여 인상률은 매년 기본 연봉에 누적되어 근속이 길어질수록 급여가 지속적으로 상승하는 구조를 보입니다.

고도성장기가 끝나고 고령화되는 인력 구조에서는 연공주의가 발목을 잡습니다

연공주의는 다른 회사로의 이직보다는 장기근속이 유리하여 내부 노동시장의 발달을 촉진하고, 직무나 역할과 관계없이 해마다 임금이 인상되어 인력의 유연한 활용을 가능하게 하며, 장기근속을 하므로 근로자의 역량 향상에 대한 투자를 용이하게 하는 장점을 가집니다. 특히 연공주의는 젊은 인력들이 지속적으로 유입되어 현재 낮은 임금을 유지하다가 나중에 보상받아야 경쟁력을 유지하는데 장기근속자의 비중이 높아질수록 인건비 부담이 가중될 수밖에 없습니다.

게다가 연공주의는 급변하는 외부 환경에 대해서 근속 햇수에 따른 임금을 설정해야 하므로 유연한 인력 운영을 어렵게 하고, 직무에 따른 임금 인상 제한으로 직원들의 동기 저하를 유발할 수 있습니다. 즉 시간이 지남에 따라 노동 비용이 빠르게 증가하는 단점이 명확합니다. 한국은 전 세계적으로 입사 초임 대비 최고 임금 간의 격차가 가장 큰 국가 중 하나로, 30년 근속자의 임금으로 신입사원 3명 이상을 고용할 수 있을 정도의 높은 임금 격차를 보입니다. 이러한 과도한 연공성은 저성장 시대에 기업에 막대한 인건비 부담으로 작용하며, 우리에게 호봉제를 전수해 준 일본의 사례에서 보듯이 고도성장기 이후에는 이러한 문제가 더 심화되는 경향을 보입니다.

한국 기업의 연공주의는 과거 고도성장기에 조직 안정성과 충성도를 높이는 데 기여한 양면성을 지니고 있었습니다. 이는 '동질적 인재' 양성과 '대량 생산'이 중요했던 시대에 기업의 효율을 높이는 데 기여했던 시스템입니다. 그러나 현재는 인건비 부담 증가, 조직 활력 저하, 승진 정체, 동기 부여 저하 등 심각한 문제점을 야기하고 있습니다. 특히 '때가 되면 승진'하는 연공적 승진 관행은 성과주의를 저해하는 주요 요인으로 작용합니다. 이러한 상황은 연공주의의 장점이 과거 산업 구조와 경제 성장 모델에 최적화된 것이었으나, 급변하는 디지털 시대와 저성장, 고령화라는 현재의 환경에서는 그 효용성이 급감하고 부작용이 커지는 '시대적 부적합성'이 심화하고 있음을 보여줍니다. 연공주의의 호봉제는 직급 변동을 통해 임금을 인상해 주는 제도이기에 직급 체계에 대해 구조적인 이해가 필요합니다.

직위, 직급, 직책 개념을 구분합시다

연공주의에 입각한 호봉제는 한편으로는 연공형 직급 체계와 더불어 유지합니다. 한국 기업에서 흔히 혼용되는 '직위', '직급', '직책'은 각각 다른 의미를 가집니다. '직위'는 조직 구성원에게 부여할 수 있는 직무와 책임의 단위를 일컫습니다. 일반적으로 부장, 차장, 과장 등이 직위에 해당합니다. '직급'은 직무의 등급을 뜻하는 말로, 직위를 좀 더 세부적으로 분류한 체계이며 보상 체계와 연계됩니다. 예를 들어 같은 과장이어도 3급 과장, 4급 과장 등이 이에 해당합니다. 한때 기업들이 일본의 능력주의 인사제도를 도입하여 14단계 내외의 직급을 가지고 있기도 하였으며, 오늘날 직급을 통합한다고 할 때 주로 이러한 다단계 직급을 4~5단계로 줄이고 때로는 직위를 없애는 직급 체계 개선을 하고 있습니다. '직책'은 주로 보직에 부여된 '직무와 책임'을 말하며, 보통 팀장, 실장, CEO 등이 직책에 해당합니다.

'사원-대리-과장-차장-부장'으로 대표되는 전통적인 직급 체계는 이러한 직책, 직급, 직위의 의미를 모두 혼용하고 있어 현재의 경영 환경 변화에 장애 요인이 되고 있습니다. 조직이 한창 성장할 때는 직위가 과장이면 인사과장 등과 같은 직책을 가질 수 있습니다. 그러나 성장이 정체되기 시작하면 인사과장이라는 직책을 갖지 못하는 과장이 생깁니다. 이러한 상황에서 한편으로는 팀제를 도입하여 무보직 중간 관리자에게 직책이 아닌 직위 승진을 보장하거나, 직급을 같은 과장이어도 5급 과장, 6급 과장 등으로 직책보다는 직급 변화를 통한 동기부여를 꾀하기도 했습니다. 직급을 다단계로 설계하든, 팀제를 도입하든, 본질은 때가 되면 승진해야 한다는 프레임은 변함이 없었습니다. 그리하여 60% 이상이 차장 직위를 갖는 조직이 되게 됩니다. 이러한 구조적 한계를 극복하기 위해 직급을 축소하거나 직위를 없애고 모두를 '님'으로 호칭하거나 하는 변화를 하기는 하지만 그럼에도 여전히 관리자는 시니어 중심이고, 팀장에서 팀원으로 변화하면 큰 수치로 느끼거나, 때로는 동기부여가 안 된다고 직위나 직급 승진을 다시 도입하기도 합니다.

직급 파괴가 단순히 호칭이나 단계 축소와 같은 표면적인 변화에 그쳐서는 안 되며, 조직의 내재한 문화적 관성, 즉 연공이나 위계가 자연스럽게 유지되는 '일하는 방식'과 '의사결정 구조'가 함께 변화해야 합니다. 직급 파괴는 단순한 제도 개편이 아니라, 조직의 근본적인 문화 혁신을 요구하는 과정입니다. 누구나 리더가 되는 기대가 변해야 하고, 나이보다는 관리자 보직에 맞는 역량이 우선해야 하고, 유교적 장유유서의 질서가 아닌 직책의 권위가 먼저 되는 문화의 변화가 요구됩니다. 겉으로 드러나는 직급이나 호칭의 변화만큼이나, 실제 업무 프로세스, 의사결정 방식, 그리고 직원들의 사고방식과 상호작용 방식이 수평적이고 직무 중심으로 바뀌어야만 진정한 효과를 거둘 수 있습니다.

누구나 승진하는 시대는 끝났습니다

호봉제와 다단계 직급 체계는 주기적인 승진 제도를 요구합니다. 즉 때가 되면 승진하는 체계인 것입니다. 사원-대리-과장-차장-부장과 같은 다단계 직급 체계를 기반으로 4~5년 주기의 승진 심사를 통해 조직을 관리하는 '승진 중심' 인사관리를 선택했습니다. 승진 심사 시 승진 대상자에게 평가를 높게 주는 '목적 고과' 관행이나, 특별히 뛰어난 성과를 보이지 않았더라도 한두 번 승진에서 빠지면 '때가 되었으니' 승진시켜 주는 경향이 만연합니다. 결과적으로 우수한 성과를 내는 직원이나 그렇지 못한 직원이나 결국 '때가 되면' 차장, 부장 등의 상위 직급으로 승진하는 결과를 초래합니다.

이러한 방식은 조직 성장기에는 매우 효과적이었으나, 조직이 정체되면서부터는 승진 포지션이 줄어들어 승진 탈락자가 발생하고 업무 동기가 저하되는 등의 문제를 일으킵니다. 또한 현재는 승진을 통해 얻는 것보다 잃는 것이 많아진 상황이 발생하면서, 승진 중심의 조직 운영이 어려워지고 있습니다. 예를 들어, 승진하면 연장/휴일근로 수당이 없어지고 오히려 휴일에 출근하게 되는 경우가 많으며, 회사가 어려울 때 고직급자부터 급여 또는 상여를 반납하는 상황도 발생합니다. 더욱이 정년이 연장된다면 관리자가 되고 임원이 되어 조기에 은퇴하기보다는 최대한 팀원으로 고용을 유지하고자 하는 언보싱 요구가 커질 수도 있습니다.

연공주의에 기반한 관리자 선발은 현재 직급에서 일을 잘한 직원이 다음 직급에서도 잘하리라는 보장이 없다는 문제점도 있습니다. 예를 들어, 팀원일 때 일을 잘한 직원이 팀장으로 승진 후 부적응하는 준비되지 않은 리더십 실패가 발생하기도 합니다.

관리자 포지션은 제한되는데 후보자는 이전에 관리자를 했던 선임, 20년 이상 근속하고 있는 일반 직원, 10년 이상 관리자 보직을 맡고 있는 관리자, 위에 쌓인 고인물로 인해 성장 비전을 잃어가는 젊은 세대 등으로 누구나 관리자가 될 수 없는 시대가 되었습니다, 그러기에 이제는 승진을 '보상'이 아닌 '선발'의 관점에서 접근해야 합니다. 즉, 리더로서 역량을 가진 사람을 선발하여 승진시키는 것이 바람직합니다. 또한 다양한 세대에서 리더로서 잠재된 역량을 갖춘 후보군을 발굴하여 변화의 시대에 적합한 리더십을 육성해 나가는 것도 중요합니다. 이를 위해 조직의 팀장, 본부장 등 직책에 대한 성과책임Accountability과 필요역량을 명확히 규명하는 것이 중요합니다.

과거 연공 기반으로 운영되는 승진 제도는 고령화, 저성장기에는 동기 저하, 승진 기피 현상, 비효율성 등 한계에 봉착했습니다. 승진을 통한 동기 부여가 어려워지면서 '임금 중심' 인사관리로의 전환과 승진 시 충분한 금전적 보상이 필요합니다. 나아가 승진을 '보상'이 아닌 '선발'로 보고, '역량'을 핵심 기준으로 삼아야 합니다. 승진 제도가 단순히 '연차'나 '때'에 따라 이루어지는 것이 아니라, '개인의 실제 역량'과 '직무 가치'에 기반하여 유연하게 이루어져야 합니다.

세상의 변화는 나이와 상관없이 적응을 요구합니다

그동안 유지해 온 연공주의 시대는 많은 기업에서 작동하기 어려울 뿐만 아니라 고령화와 정년 연장은 그 한계를 더 심화시킬 것입니다. 따라서 단순히 보상, 직급, 승진 체계를 바꾸는 것을 넘어, 인재 관리의 패러다임 자체를 연공주의에서 벗어나 더 이상 '조직 내 계층 상승'만을 유일한 성장 경로로 삼지 말고, 다양한 직무 전문성 개발과 성과에 대한 인정을 통해 직원 동기를 유발해 나가야 합니다.

급격한 고령화는 노동 시장과 조직 문화 전반에 걸쳐 심각한 변화를 일으키며, 특히 '리더십 위기'라는 새로운 도전을 불러오고 있습니다. 전통적인 리더십 모델이 더 이상 통용되지 않는 상황에서, 새로운 현상들이 리더십의 공백과 혼란을 가중시키고 있습니다.

첫째, MZ세대를 중심으로 승진이나 관리자 역할을 의도적으로 거부하는 '언보싱Unbossing' 현상이 확산하고 있습니다. 이들은 개인의 워라밸과 자기 성장을 중시하며, 관리직의 책임과 스트레스를 기피하는 경향을 보입니다. 이는 리더가 되기를 '원치 않는' 즉,

리더십에 대한 '의지'의 위축을 보여줍니다.

둘째, 기성세대의 권위주의적 '꼰대' 문화는 조직 내 소통을 저해하고 갈등을 심화시키는 주범으로 지목됩니다. 젊은 세대 내에서도 나타나는 '젊은 꼰대' 현상은 이러한 구시대적 태도가 특정 연령대에 국한되지 않고 조직 문화 전반에 고착화되었음을 보여주기도 합니다.

셋째, AI 시대의 도래는 리더들에게 새로운 역량(디지털 비전, 유연한 사고, 학습하는 태도 등)을 요구하지만, 기존 리더들은 이러한 기술 변화에 적응하는 데 어려움을 겪고 있습니다. 과거의 경험과 권위가 더 이상 통용되지 않는 환경에서 리더들은 혼란을 겪고 있습니다.

이처럼 '리더가 되려는 의지 부족'과 '새로운 시대에 맞는 리더십 역량 부재'가 동시에 발생하면서, 리더십의 본질적인 기능 자체가 위협받는 다면적인 위기 상황에 직면해 있습니다. 이는 단순히 한 가지 원인에 기인하는 것이 아니라, 여러 요인이 복합적으로 작용한 결과로, 리더십의 다면적 붕괴를 초래하고 있습니다.

> 장을 마치며

고령화 시대, 우리 기업의 리더십은 잘 준비되어 있나요?

1. '때가 되면 승진'하던 시대는 끝났습니다. 우리는 리더를 성과와 역량 중심으로 평가하고 성장시키려 노력하는 것 같나요?

2. 생산가능인구 감소와 인건비 부담 가중 속에서 경제 활력을 유지하고 성장을 지속하기 위한 리더십은 준비되어 있나요?

3. '직위-직급-직책'이 혼용되는 전통적인 직급 체계를 넘어, 수평적이고 직무 중심의 조직 문화를 정착시키기 위해 리더들은 효과적으로 대응하고 있나요?

4. 우리 리더들은 과거의 성공 방식에 머무르지 않고, 변화하는 시대에 필요한 새로운 리더십 역량을 스스로 학습하고 계발하고 있습니까?

5. 우리는 세대들 간의 '디지털 격차'를 해소하고 있습니까? 혹은 숙련된 시니어 인력들이 디지털 전환에서 소외되고 있지는 않습니까?

2장

고령화는 세대 갈등을 낳습니다

: 세대 갈등

이미 우리 회사에는
5세대가 함께 합니다

정년이 연장된다면, 아니 이미 지금 기업에는 1950년대생부터 2000년대생까지 공존하고 있습니다. 즉 전쟁 직후 개발도상국에서 태어나 국가의 소중함을 지켜야 한다는 전통주의자, 60~70년대 태어나 고도성장기의 변화와 성장을 함께 해온 베이비붐 세대, IMF의 고통을 견뎌내며 사회 생활을 시작했던 X세대, 새천년의 희망으로 시작해 리먼 사태를 함께 한 밀레니얼 세대, 디지털 세상에서 자란 Z세대 등 최대 5개 세대로 구성되어 있으며, 각 세대는 고유한 업무 습관, 기대치, 소통 방식을 가지고 있습니다. 예를 들어, 베이비붐 세대는 안정성과 대면 소통을 중시하는 반면, 밀레니얼과 Z세대는 디지털 소통과 유연성을 선호합니다. 이러한 차이는 효과적인 조직 운영을 방해하고 세대 간 갈등을 심화시킬 수 있습니다.

직장인 10명 중 6명 이상이 직장 내 세대 차이를 느끼며, 특히 20대와 30대는 세대 차이가 업무에 부정적인 영향을 미친다고 응답하는 비율이 높습니다. 이는 조직 내 수직적인 업무 방식과 소통 관행 탓에 세대 차이로 인한 어려움을 젊은 세대일수록 더 크게 느끼다는 것입니다.

세대 갈등은 구성원 간의 신뢰도를 낮추고 서로에 대한 불만을 증대시키거나, 소속감을 감소시키고 높은 이직률로 이어질 수 있습니다. 이러한 문제가 지속되면 중간 세대의 이탈이 높아지고 조직 내 세대 양극화가 심해질 것으로 예상됩니다. 그러나 한편으로 세대 갈등이 조직의 혁신과 변화로 이어질 수도 있습니다. 문제를 바라보는 관점이 다양하여 새로운 관점으로 더 효율적인 방식을 채택하면 업무 생산성이 높아질 수 있습니다.

세대 차이가 업무에 부정적 영향을 미친다는 2030세대의 높은 응답률은 이들이 조직 내에서 더 많이 소외감과 불만을 느끼고 있음을 보여줍니다. 이러한 불신과 불만은 조직의 허리 역할을 하는 '중간 세대'의 이탈을 가속화합니다. 이는 단순히 인력 손실을 넘어, 조직 내 지식과 경험의 단절을 야기하고, 팀워크와 협업을 저해하여 조직의 전반적인 응집력을 약화합니다. 즉, 세대 갈등은 조직의 지속 가능한 성장을 위한 인적 자원 기반을 흔들고, 변화에 대한 조직의 유연성을 떨어뜨리는 근본적인 위협 요인입니다.

젊은 직원들이 승진 기회 부족으로 동기를 잃으면, 이들은 '언보싱' 현상을 보이거나 조직을 떠나 미래 리더십 공백을 초래할 수 있습니다. 한편으로는 고령 직원들이 효과적으로 재교육되거나 활용되지 않으면, 이들은 비용 부담으로 작용하고 때로는 보직 해임으로 일반 팀원이 되었을 때 리더에게 저항하거나 부정적인 영향력을 행사할 수 있습니다.

중장년층이 고위직을 독점하는 조직은 신속한 의사결정을 장려하기보다는 보수적인 접근을 더 강화하는 경향이 있으며, 새로운 아이디어와 혁신을 도입하는 데 어려움을 겪게 만들 수 있습니다. 이는 조직의 역동성을 저해하고, 다가오는 디지털화 및 기술 혁신에 대응하기 어려운 인력 구조로 이어질 수 있습니다.

또 한편으로는 조직 개편이나 슬림화, 수평적 조직문화 조성의 하나로 직급 체계 단순화 등이 이루어지면서 조직 내 비보직 고경력자non-managerial high-tenured individuals의 비율이 지속적으로 증가하고 있습니다. 이들은 오랜 재직 기간 동안 축적된 경험 지식을 보유하고 있지만, 점차 조직 내 업무와 역할이 축소되면서 자신감 상실, 심리적 위기감, 상실감 등 부정적인 심리 상태에 놓일 수 있습니다.

다양한 세대가 함께 공존하다 보면 세대 갈등이 발생할 뿐만 아니라, 인력 구조의 고령화와 다양한 세대의 공존은 고령화된 리더십의 보수적인 속성, 비보직 고경력자의 증가, 젊은 세대의 언보싱 현상, 꼰대 문화와 이를 답습하는 젊은 꼰대, 다양한 가치관을 아우르는 시대에 역행하는 독성 리더와 승진의 역설 등의 문제점을 함께 발생시키게 됩니다.

고령화는 리더십 스타일과 의사결정 방식에도 영향을 미칩니다. 고령의 리더는 오랜 경험에서, 특히 고객과의 관계, 문제 상황에 대한 경험 등에서 부하 직원에게 우수한 롤 모델이 되어 생산성을 높일 수 있으며, 팀에 영감을 주는 원천이 될 수 있습니다. 또한, 나이가 들수록 스트레스에 덜 영향을 받고, 감정 조절 능력, 성숙도, 경험 등 개인적 자원이 강화되어 더 효율적인 리더십 행동을 보일 수도 있습니다.

그러나 고령 리더십에 대한 사회적 인식과 의사결정 성향에는 양면성이 존재합니다. 사람들은 무의식적으로 젊어 보이는 리더를 혁신과 변화에 더 적합하다고 여기지만, 나이 들어 보이는 리더를 안정과 보수적 성향에 더 적합하다고 인식하는 경향이 있습니다. 실제 의사결정 및 위험 감수 성향에 있어서는, 은퇴가 가까워진 CEO는 단기적인 안정성을 선호하며 위험한 전략적 선택(예: 국제 인수)을 피하는 경향이 있다는 연구가 있습니다. 젊은 경영진은 더 적극적인 접근 방식을 취하는 반면, 나이 든 경영진은 자신의 재정적, 직업적 안전에 더 신경 쓰고 새로운 기술 학습에 더디며 혁신적인 전략을 통한 성장을 덜 추구하는 경향이 있다는 연구도 존재합니다.

　모든 리더는 인지 편향(예: 과거의 성공에 대한 과신, 낙관주의)을 나타낼 수 있으며 이에 따라 의사결정의 질을 저하할 수 있습니다. 고령 리더의 풍부한 경험은 특정 편향을 완화할 수도 있지만, 동시에 새로운 정보 수용에 대한 저항이나 과거 성공 경험에 대한 과신으로 이어질 수도 있습니다. 이러한 인지 편향의 영향을 최소화하기 위해 리더는 자기 인식을 높이고, 다양한 관점을 수용하며, 증거 기반의 의사결정 프레임 워크를 활용해야 합니다.

　고령 리더십은 풍부한 경험과 안정성을 제공하는 강점과 동시에, 혁신 저해, 위험 회피 성향, 그리고 젊은 세대와의 인식 차이 등의 위험 요인을 안고 있습니다. 또한, 사회 전반에 퍼져 있는 연령에 대한 무의식적인 편견은 고령 리더의 혁신 역량을 과소평가하고, 젊은 리더를 변화의 상징으로 인식하게 만들 수 있습니다. 이러한 연령 기반 편견과 오너 경영의 3세, 4세로의 세습이 맞물리면 성급한 세대 교체, 외부에서의 리더십 수혈로 인한 갈등, 위기 및 문제 상황에서의 조직 관성과 경험 단절 등을 낳을 수도 있습니다. 따라서 이러한 양면성을 이해하고, 고령 리더의 강점을 극대화하고 약점을 보완하는 맞춤형 리더십 개발 및 적절한 승계 계획이나 조직의 스킬이나 역량에 맞는 잠재적인 후보군 발굴 및 육성이 필요합니다.

가치관이 언젠가 같아지지는 않을 겁니다

　세대 간 가치관 차이는 특정 시대에 공유된 역사적 사건, 기술 발전, 문화적 현상, 경제적 조건 등 독특한 경험으로 형성됩니다. 과거에는 세대 차이가 주로 전통적 지식과 사회적 경험의 차이에서 기인했으며, 시간의 경과에 따라 가치관의 전수와 이행이 이루어지면서 차이가 해소되는 경향이 있었습니다. 즉, 학교, 군대 등의 사회화 과정이 같기도 하고 이 과정에서 전통적 가치관을 내재화하게 됩니다. 그러나 최근에는 인터넷을 비롯한 다양한 정보화 기기의 보급으로 인해 청소년들이 인터넷을 통해 기초 사회화 과정을 거치면서 이전과는 다른 차원에서 사회 질서와 규범을 학습하게 되고, 이는 세대 간 가치관 차이를 심화하는 주요 원인이 되고 있습니다.

　MZ세대와 '꼰대'로 상징되는 기성세대 리더 간의 갈등은 단순한 나이 차이의 문제가 아니라, 일과 권위, 그리고 삶의 목적에 대한 근본적인 가치관의 충돌이며, 전통적인 리더십 모델이 이를 해결하는 데 실패하고 있음을 보여줍니다. 이 갈등의 핵심은 가치관의 차이에 있기도 합니다. 기성세대는 조직, 집단적 성취, 희생을 최우선 가치로 여기지만, MZ세대는 개인의 성장, 일과 삶의 균형(워라밸), 그리고 의미 있는 일을 중시합니다. 그들에게 회사는 평생 충성을 바치는 곳이 아니라 개인의 성장을 위한 발판입니다.

이러한 가치관의 차이는 '요요요 현상'이라는 소통의 파열음으로 나타납니다. 상사가 업무를 지시했을 때, 기성세대는 즉각적인 "예"라는 답변을 기대하지만, MZ세대는 "이걸요? 제가요? 왜요?"라고 반문한다고 합니다. 기성세대 리더는 이를 불복종이나 게으름으로 해석하지만, MZ세대에게 이 질문은 업무의 맥락과 목적, 그리고 공정한 역할 분담에 대한 합리적인 요구입니다. 기성세대는 MZ세대를 이기적이고 인내심이 부족하며 무례하다고 여기고, MZ세대는 기성세대를 나이와 경험을 내세워 자신의 아이디어를 묵살하는 '꼰대'로 치부하게 됩니다.

MZ세대가 던지는 "왜요?"라는 질문은 단순히 업무를 거부하는 것이 아니라, 의미 없는 노동을 거부하는 것입니다. 그들의 질문 속에는 자신의 업무가 조직의 더 큰 목표와 개인의 성장에 어떻게 기여하는지를 알고 싶다는, 즉 더 나은 리더십에 대한 갈망이 내포되어 있습니다. "제가요?"라는 질문은 팀의 중요한 일원으로서 인정받고 싶다는 소속감의 표현이며, "왜요?"라는 질문은 명확한 목표를 통해 성취감을 느끼고 싶다는 열정의 표현입니다. 따라서 이 질문에 "시키는 대로 해"라고 답하는 리더는 실패하고, 업무의 전략적 맥락과 고객에게 미치는 영향, 그리고 직원의 성장 기회를 설명해 주는 리더는 MZ세대의 몰입을 끌어낼 수 있습니다.

기성세대가 '회사 그 자체'를 동기로 삼고 '조직의 성과'를 목적으로 '통일성과 수직성'을 강조하는 반면, MZ세대는 '개인의 가치'를 동기로 '개인의 성과'를 목적으로 '다양성과 수평성'을 추구합니다. ''꼰대' 문화는 단순히 불쾌한 개인의 태도를 넘어 조직의 '생산성'과 '혁신'을 직접적으로 저해하는 문화적 병폐입니다. '자기 생각에 대한 강한 확신'과 '서열에 의한 판단'은 새로운 아이디어나 비판적 사고를 억압하고, '까라면 까야' 하는 문화는 자율성과 창의성을 질식시킵니다. 특히, MZ세대가 중시하는 '다양성과 수평성'과의 충돌은 소통 부재와 신뢰도 저하로 이어져, 팀워크를 약화하고 불필요한 갈등에 에너지를 소모하게 만듭니다. 살아온 시대가 다르고, 가정환경이나 교육 환경 등이 다르면 서사적으로 세대에 따라 가치관이 당연히 다르게 됩니다. 나의 경험에서 오는 고정관념이나 가치관을 강요하는 것 자체가 폭력이고 억압입니다. 더 큰 문제는 나를 보고 젊은 리더들도 그대로 따라 하는 젊은 꼰대가 되는 것입니다.

나이 많다고
자랑하지 맙시다

조직 내에서는 나이 어린 팀장이 나이 많은 팀원을 이끄는 '연령 역전' 현상이 흔해지고 있으며, 과거 연공서열이나 수직적 관계에 익숙한 중장년층 구성원 중 일부는 자신보다 젊은 리더와 일하는 것에 불편함과 당혹감을 느낄 수 있습니다.

일부에서는 노화에 따라 인지 및 행동 능력이 감소하고, 새로운 기술 학습 속도가 기술 변화를 따라가지 못하면서 세대 격차를 심화하기도 합니다. 또한, 일부 고령 직원은 "내가 이 나이에 직접 하리?"라는 마인드로 실무를 회피하고 후배에게 지시하려는 권위적 사고방식을 보일 수 있어, 이는 조직의 실무 역량을 약화하고 세대 간 협력을 저해할 수 있습니다.

이러한 미흡한 대응은 '꼰대'와 같은 연령에 대한 부정적인 편견, '체면'을 중시하는 문화, 그리고 강력한 연공서열 문화 등 깊이 뿌리박힌 문화적 요인에 의해 더 심화하고 있습니다. 즉 유교적 장유유서 문화는 나이를 일종의 권위로 작동하게 만들며, 사대부와

양반 계층이 중시하던 체통과 체면 중심의 문화는 '나이'를 하나의 사회적 신분처럼 받아들이게 합니다. 이로 인해 본인보다 나이가 어린 리더가 공개적으로 피드백을 주는 상황을 본인의 체면을 깎는 행위로 인식하여 더욱 강하게 저항하기도 합니다.

이처럼 고령 인력이 나이에 기대어 부적응하는 것도 문제지만 고질적인 연령차별주의가 뿌리 깊게 자리 잡고 있어, 고령 직원의 장점(직업의식, 애사심, 업무 지식, 갈등 해소 능력, 사회적 결속력 등)이 고정관념에 가로막혀 인정받지 못하는 것도 큰 문제입니다.

대부분의 기업은 젊은 직원에게는 기꺼이 투자하지만, 50세 이상 직원에게는 교육을 소홀히 하는 경향이 있습니다. 이는 다양성과 포용성 관점에서 고령 인력이 유일하게 보호받지 못하는 집단처럼 보이게 합니다. 이러한 편견은 고령 인력의 잠재력을 저해하고 조직의 인적 자원 활용을 비효율적으로 만듭니다.

과거의 리더십은 경영 실패를 낳을 수 있습니다

베이비붐 세대, 밀레니얼 세대, Z세대, MZ세대 등이 함께 공존하는 가운데 서로 다른 가치관, 성장 과정, 조직관 등이 충돌하는 가운데 전통적인 리더들의 행태는 꼰대로 등장하거나 독성 리더로 작동하게 되면 본인만 리더로 실패하는 것이 아니라 많은 부작용을 낳아 경영의 실패로 연결될 수도 있습니다.

과거 고도성장 시대에 신속한 의사결정과 강력한 실행력의 원천이었던 전통적 '지시-통제Command-and-Control' 방식의 리더십은 '독불장군형' 또는 '독선적 리더십'으로 묘사되며, 조직이 가장 경계해야 할 유형으로 지목됩니다. 이러한 리더십이 만연한 수직적 조직 구조는 권위, 강요, 무시가 발생하기 쉬운 토양을 제공하며, 이는 계층 간 소통의 '동맥경화'를 유발하여 조직의 유연성과 생산성을 심각하게 저하합니다. 소통은 상명하달식의 일방적 흐름으로 굳어져, 현장의 가치 있는 아이디어가 상층부로 전달되지 못하는 구조를 고착화하며 결국 조직 전반에는 '공포와 압박'의 문화가 자리 잡게 되고, 관리자의 주된 역할은 책임을 아래로 떠넘기는 것으로 변질됩니다.

또한 리더를 둘러싼 '필터링된 정보 버블Filtered Information Bubble'의 형성도 문제입니다. 보복을 두려워하는 부하 직원들은 리더가 듣고 싶어 하는 긍정적인 보고나 정보만을 전달하게 되고, 이는 심각한 정보 왜곡을 낳습니다. 이러한 현상은 리더가 조직 내외부의 비판적 문제나 잠재적 위험을 가장 늦게 인지하게 만드는 결과를 초래합니다. 즉, 통제를 위해 설계된 권위주의 시스템이 역설적으로 정확한 정보 부재로 인한 통제 불능 상태를 일으키는 것입니다. 조직의 감각 기관이 마비되면서, 외부 환경 변화에 대응할 수 없는 극도로 취약한 조직으로 전락하게 됩니다. 따라서 고령화된 권위주의의 가장 큰 위험은 단순히 조직원의 사기 저하가 아니라, 조직 전체의 지능 실패에 있습니다.

단순한 비효율성을 넘어, 조직에 적극적으로 해를 끼치는 '독성 리더십Toxic Leadership'은 리더십 위기의 가장 심각한 병리 현상으로 구분해야 합니다. 특히 Z세대뿐만 아니라 고령화된 인력까지 독성 리더에 대한 수용이나 이해가 안 되는 세상이기에 독성 리더는 모든 세대에게 문제가 될 수 있습니다. 독성 리더십은 리더가 자신의 권력과 지위를 남용하여 조직 구성원에게 해를 끼치고, 조직 내 불신, 스트레스, 비생산성을 초래하는 리더십 스타일을 의미합니다. 이는 단순히 무능하거나 상황에 맞지 않는 리더십을 넘어, 조직과 구성원의 안녕을 의도적으로 또는 무관심하게 해치는 파괴적 행위로 다가옵니다.

독성 리더의 잘못된 행동은 다양하게 나타납니다. 부하 직원을 인격적으로 모독하거나 언어, 비언어적으로 학대하는 '비인격적 감독', 부하를 위축시키는 '권위주의', 자기 자신에게만 도취해 타인에게 공감하지 못하는 '나르시시즘', 기분에 따라 행동이 급변하는 '예측불가능성', 그리고 특정인만 편애하고, 책임을 전가하며, 공포를 동기부여의 도구로 사용하는 행위 등이 포함됩니다. 이러한 리더들은 자기중심적인 태도로 개인의 이익을 조직의 목표보다 우선시하여 조직 간의 협력을 방해하기도 합니다.

독성 리더십의 영향은 조직 전체로 퍼져나가는 전염병과 같습니다. 나쁜 리더로 인한 이직 의도가 높아지기도 하고 이는 단지 기분의 문제가 아니라 실제적인 인재 유출과 비용 증가로 이어지는 심각한 경영리스크를 낳기도 합니다. 독성 리더는 사기를 저하하고 생산성을 떨어뜨리며, 혁신을 가로막고, 구성원들을 수동적이고 두려움에 찬 상태로 만듭니다. 대표적인 포털 회사인 N사 직원 자살 사건과 같은 비극적인 사례는 독성 리더십이 개인의 삶을 파괴하고 조직 전체를 위기로 몰아넣을 수 있는 극단적인 결과를 명확히 보여줍니다.

그럼에도 누구도
꼰대가 되기를 원하지는 않습니다

'꼰대' 행동은 단순히 성격이 나쁜 개인의 문제가 아니라, 검증에 대한 강한 욕구, 과거 경험에서 비롯된 인지적 경직성, 그리고 낮은 자기 인식과 같은 심리적, 인지적 패턴이 위계적인 사회 구조와 결합하여 나타나는 복합적인 현상입니다.

핵심적인 특성 중 하나는 자신의 경험을 절대적인 진리로 여기는 '인지적 경직성'입니다. 이는 심리학적으로 나이가 들수록 자신만의 인식 틀(스키마)이 굳어지고, 신경과학적으로는 새로운 자극 감소로 뇌의 유연성(신경가소성)이 떨어지기 때문으로 설명되기도 합니다. 이에 따라 자신의 관점과 다른 의견을 틀린 것으로 간주하는 흑백논리에 빠지기 쉽습니다.

또한, 꼰대 행동의 기저에는 낮은 자존감이나 불안감에서 비롯된 '인정과 권위에 대한 강한 욕구'가 자리 잡고 있습니다. 자신의 의견이 내용만으로 존중받지 못할 것이라는 두려움 때문에 지위나 나이를 이용해 복종을 강요하는 것입니다. 이는 "나도 고생했으니 너도 당해봐야 한다"는 식의 '보상 심리'와도 연결됩니다.

타인의 감정이나 관점을 이해하지 못하는 '공감 능력의 부재'와, 자신이 꼰대라는 사실을 인지하지 못하는 '자기 인식의 부족' 역시 중요한 특징입니다. 그들은 자신이 도움을 주는 멘토라고 생각하지만, 실제로는 상대에게 상처를 주는 행동을 하고 있음을 깨닫지 못합니다. 이러한 특성들은 상급자에게 복종하고 하급자에게 공격적인 태도를 보이는 고전적인 '권위주의적 성격'과 일치하며, 군대나 전통적 가족과 같은 위계적 환경에서 형성되고 강화되는 경향이 있습니다.

우리는 '꼰대'를 단순히 악의적인 존재로 규정하기보다, 수십 년간 특정 행동 양식을 보상해 온 문화의 산물로 이해할 필요가 있습니다. 그들의 행동은 급격한 시대 변화 속에서 자신의 경험이 낡은 것이 되어버리고, 그로 인해 자신의 가치와 지위를 잃을지도 모른다는 불안감에 대한 방어기제일 수 있기 때문입니다. 과거에는 지식과 경험의 우위에서 비롯되었던 권위가 이제 도전받는 상황에서, 낡은 방식을 고수하고 위계에 따른 존중을 요구하는 것은 자신의 존재 가치를 재확인하려는 필사적인 시도일 수 있는 거지요. 따라서 '꼰대 문제'를 해결하기 위해서는 비판을 넘어 공감에 기반한 전략이 필요하다고 보입니다. 조직은 시니어 구성원들이 낡은 방식을 강요하지 않으면서도 그들의 지혜와 경륜을 기여할 수 있는 새로운 역할(예: 가치관 멘토, 내부 컨설턴트)을 만들어 주어야 합니다. 그들을 단순히 '나쁜 리더'로 낙인찍는 것은 오히려 방어적 태도를 강화해 변화에 대한 저항만 키울 수 있습니다. 직장 내 괴롭힘 방지법이 도입되어 독성 리더나 꼰대의 문제는 법적 책임까지 따르는 문제가 될 수 있음에도 우리는 왜 잘못된 리더를 뽑아야만 하는지 의문입니다.

왜 잘못된 리더를 승진시킬까요?

독성 리더와 꼰대형 리더는 우연히 발생하는 것이 아니라, 잘못된 특성을 가진 인재를 지속적으로 리더로 선발하는 조직의 결함 있는 인재 관리 시스템이 만들어낸 필연적 결과물이기도 합니다. 많은 조직이 리더십의 핵심 역량을 오해하고 있으며, 이로 인해 '승진의 역설'이 발생합니다.

1 | 자신감과 역량의 착각

조직은 종종 '자신감'과 '카리스마'를 리더십 역량과 동일시하는 오류를 범합니다. 자신감 넘치는 태도는 실제 역량과 무관하게 '능력 있어 보이는' 인상을 주기 때문에, 이런 인물들이 쉽게 리더의 자리에 오르게 됩니다.

2 | 나르시시즘의 함정

특히 나르시시스트들은 과장된 비전과 자신감 넘치는 태도로 주목받는 데 능합니다. 이들은 리더 선발 과정에서 매우 매력적인 후보로 비칠 수 있지만, 그들의 동기는 조직의 성공이 아닌 자신의 성공에 있으며 타인에 대한 공감 능력이 결여되어 있기도 합니다.

3 | 감성지능의 과소평가

많은 조직이 기술적 역량이나 단기적 성과에만 초점을 맞추고, 효과적인 리더십의 필수 요소인 감성지능^{EQ}을 간과합니다. 그러나 EQ가 낮은 리더는 팀원과 지속적으로 갈등을 유발하고 스트레스를 조장하여 조직의 생산성을 심각하게 저해하는 주된 원인입니다. 실제 직장에서는 고위직으로 갈수록 사이코패스 성향이 높아진다고 합니다.

4 | 성별에 대한 고정관념

리더십을 '전통적으로 남성적인' 특성(공격성, 자기주장)과 연관

짓는 고정관념이 여전히 존재합니다. 이로 인해 높은 EQ와 협업 능력을 갖춘 유능한 여성 리더들이 '권위가 부족하다'는 평가를 받으며 배제되는 구조적 문제가 발생합니다.

이러한 시스템적 결함은 '승진의 역설Promotion Paradox'이라는 현상을 낳습니다. 즉, 한 개인을 승진시키는 데 도움이 되었던 바로 그 특성들(예: 자기 과신, 화려한 언변, 나르시시즘)이, 그가 리더가 된 후에는 실패의 결정적 원인이 되는 것입니다. 조직은 자신감과 카리스마를 리더십의 증거로 받아들이고, 나르시시스트들은 이러한 특성을 투사하는 데 매우 능합니다. 그러나 이들의 자기중심적이고 비공감적인 행동은 리더십 실패의 전형적인 특징입니다. 결국, 시스템 자체가 권력을 '획득'하는 데 최적화된 인물을 선발하고, 권력을 '효과적으로 행사'하는 데 필요한 역량을 갖춘 인물을 탈락시키는 모순을 내포하고 있는 것입니다. 특히 차상위 직급이나 직책에서의 역량을 진단하여 선발하기보다는 연공주의에 따라서 과거의 공헌이나 근속 경험에 의해 선발할 때 이 문제는 더 심각해질 위험이 있습니다. 이러한 문제는 HR이 리더십 교육만으로는 독성 리더십 문제를 해결할 수 없음을 명확히 보여주기도 합니다. 준비도 검증도 없이 승진 연한이 되어서 관리자가 되고, 그리고 나서 좋은 리더십이란 무엇인지 교육받는 악순환을 끊기 위해서는 리더를 선발하고 승진시키는 기준 자체를 근본적으로 재설계해야만 합니다.

독성 리더가 선발되는 또 다른 축은 불투명한 의사결정 과정과 불공정한 성과 평가 시스템입니다. 이 두 가지 요소는 상호작용하며 조직 내 불신, 사내 정치, 동기 부여 저하를 유발하고, 궁극적으로는 독성 리더의 지속적인 승진과 악영향을 강화하게 됩니다.

실제 기업에서 리더의 선발 결정은 체계적이고 투명한 프로세스 없이 리더 개인의 직관이나 경험에 의존해 이루어지기도 합니다. 심지어 실제 의사결정권자가 누구인지조차 불분명한 경우도 있습니다, 구성원들은 숨겨진 권력자의 의중을 파악하려는 '눈치 보기' 문화에 빠져들기도 합니다. 어떨 때는 회의가 끝난 뒤에 상사의 의중이 무엇인가를 놓고 분석하는 회의를 다시 하기도 합니다. 이러한 불확실성은 구성원들로 하여금 책임 회피 행동을 유발하기도 하는데, 대표적인 예가 불필요한 사람까지 참조[CC]에 넣어 이메일을 보내는 것입니다.

한편, 평가는 객관적인 성과보다 관리자와의 개인적 친분(응답자의 66.3%), 학연, 지연 등 비공식적 요인에 의해 좌우된다는 인식이 팽배하기도 합니다. 이로 인해 상사에게 잘 보이는 것이 실제 성과를 내는 것보다 중요해지는 문화가 형성되며, 유능한 직원을 잠재적 위협으로 간주해 의도적으로 낮은 평가를 주는 일까지 발생하거나, 심지어 이 시스템은 비판적 목소리를 내는 구성원을 억압하는 도구로 악용되기도 합니다.

불투명한 의사결정과 왜곡된 평가 시스템은 분리된 문제가 아니라, '사내 정치 Office Politics'라는 병리 현상을 낳고 유지하는 동전의 양면과 같습니다. 의사결정과 보상이라는 공식적인 시스템이 신뢰를 잃을 때, 구성원들은 생존과 성공을 위해 비공식적인 영향력과 정치에 의존할 수밖에 없습니다. 합리적인 구성원이라면 노력과 성과가 제대로 보상받지 못하고 의사결정이 투명하게 이루어지지 않는 환경에서 공식 시스템을 불신하게 됩니다. 자연스럽게 그들은 비공식 시스템에 에너지를 쏟게 되고 특히 독성 리더의 속성이 있는 구성원일수록 고객 가치 창출이나 실제 업무 해결보다 상사의 인식을 관리하고 내부 경쟁자를 의식하는 데 몰두하게 됩니다. 결국 성과를 관리하고 향상하기 위해 고안된 시스템이 오히려 성과를 파괴하는 행동(사내 정치, 책임 회피, 동기 저하)을 조장하는 '성과 관리의 역설'이 발생하는 것입니다. 다행인 것은 다양한 세대의 서로 다른 개성과 가치관이 교차하는 시대에는 승진의 역설과 성과관리의 역설로 인한 독성 리더는 노출되기도 하고 더 이상 용납되지 않을 것으로 보입니다.

더 이상 잘못된 리더의 행동에 대해 참지 않습니다

더 이상 독성 리더의 꼰대 짓이 통하지 않는 세상이 왔습니다. MZ세대(밀레니얼 세대와 Z세대)의 가치관과 기대는 전통적인 리더십 모델과 정면으로 충돌하며 리더십 위기를 가속하는 강력한 기폭제가 되고 있습니다.

이들은 디지털 네이티브로 정보에 능통하고, 다양성을 존중하며, 개인화된 경험을 선호합니다. 또한, 회사가 개인의 미래를 끝까지 책임져 주지 않는다는 현실을 목격하며 자라왔기 때문에, 조직에 대한 맹목적인 충성보다는 개인의 성장과 성공을 최우선으로 고려합니다.

그렇기에 MZ세대는 단순히 '더 좋은' 상사를 요구하는 것이 아닙니다. 그들은 조직의 리더십 품질에 대한 비자발적인 '전사적 감시System-wide Audit' 역할을 수행하고 있습니다. 과거 세대는 안정적인 직장과 급여를 위해 비효율적이거나 권위적인 리더를 감내했을 수 있습니다. 하지만 개인의 성장을 중시하고 이직에 대한 심리적 장벽이 낮은 MZ세대는 나쁜 리더 밑에서 시간을 낭비하려 하지 않습니다. 이 때문에 과거에는 용인되거나 견뎌야 했던 리더십 문제가 이제는 즉각적이고 가시적인 직장 내 괴롭힘 문제로 폭발하게 되었습니다. 즉, MZ세대는 조직이 리더십 개선을 더 이상 미룰 수 없도록 만드는 '강제 함수$^{Forcing\ Function}$'로 작용하고 있습니다.

과거의 고용 계약이 '노동력 제공에 대한 금전적 보상'이라는 단순한 교환 관계에 기반했다면, 현대의 심리적 계약은 그 이상의 것을 요구하는 세대가 주도적인 세력으로 부상하고 있습니다. 고령화에 따른 리더십 위기는 직원과 고용주 간의 근본적인 합의, 즉 '심리적 계약$^{Psychological\ Contract}$'의 변화를 많은 리더들이 이해하지 못하는 데서 비롯되기도 합니다.

직원들은 이제 급여와 안정성만으로는 동기 부여되지 않는 세대가 점차 늘어나고 있습니다. 그들은 자기 일이 갖는 가치와 의미를 찾고, 비전을 공유하며, 업무를 통해 성장하기를 원합니다. 동기 부여 수준은 이제 보상 수준과 비례하지 않으며, 매우 가변적인 특성을 가집니다. 만약 높은 연봉이 유일한 동기 부여 요인이라면 고연봉 대기업의 이직률은 0에 가까워야 하지만 현실은 그렇지 않습니다.

평생직장보다는 자신의 직무 경력에 도움이 되는지, 때로는 이직을 통한 급여 인상과 경력 개발에 더 많은 관심을 두고 있기도 합니다. 이러한 변화는 리더십의 본질이 '과업 관리'에서 '의미 부여'로 전환되었음을 시사합니다. 단순히 업무를 분배하고 마감일을 관리하는 능력만으로는 더 이상 젊은 세대의 인재들을 움직일 수 없습니다. 그들이 하는 일이 왜 중요한지, 조직의 비전과 어떻게 연결되는지에 대한 설득력 있는 '이유'를 제시하지 못하는 리더는 구성원들의 자발적인 헌신을 끌어내지 못하고 결국 실패하게 될 겁니다. 해외 기업 중 한 곳인 B사가 자사 의료기기로 생명을 구한 환자들을 초청해 직원들에게 업무의 가치를 직접 느끼게 하거나, G사와 같이 항암제 연구원들에게 암 환자와의 교류를 통해 사명감을 심어주는 사례는 이를 명확히 보여줍니다. 이 기업들의 리더십은 보상을 넘어 '가치'와 '의미'로 직원을 이끕니다.

결국 리더십 위기는 '의미의 위기'이기도 합니다. 기술적으로는 유능할지 몰라도 설득력 있는 서사를 만들고 비전을 통해 영감을 주지 못하는 관리자들은 리더의 역할을 제대로 수행하지 못할 것입니다. 먹고살기 위한 직장이 아니라 나를 완성할 수 있는 일에 관심이 가는 세대에게 견뎌라, 참아라, 감사하라는 관리적 조언은 더 이상 효과가 없습니다. 따라서 HR의 리더십 개발 프로그램은 전통적인 관리 기술 교육을 넘어, 리더의 '스토리텔링' 및 '비전 제시' 역량을 함양하는 데 초점을 맞춰야 합니다.

상사를 따라 하다 보니
젊은 꼰대가 되었습니다

'젊은 꼰대'는 젊은 세대이면서도 구시대적 사고방식을 가진 이들을 지칭하며, 많은 사람들이 이런 태도에 불편함을 느낍니다. 이들은 SNS와 IT 기술에 능숙하지만, 동년배 내에서도 지나친 지배적 태도나 부당한 행위를 하는 것이 특징입니다. 상사에게는 대들고 후배에게는 권위를 요구하는 이중적인 면모를 보이기도 합니다.

자신을 멘토라고 생각하며 사사건건 가르치려 들고, 연애·결혼·가족사 등 사생활을 꼬치꼬치 캐묻거나 참견합니다. 또한, 옷차림, 태도, 외모까지 시시콜콜 지적하고, 후배의 반론을 견디지 못하며, 자신이 틀렸음을 알아도 쉽게 인정하지 않습니다. '젊은 꼰대'는 때로 '신입을 가르치기 위해 총대 메는 역할'이라는 긍정적 측면으로 해석되기도 하지만, '선'을 넘는 간섭이나 이중적인 태도가 문제가 됩니다.

조금 더 현상을 살펴본다면 이들은 '나 때는 말이야'라는 식의 과거 경험담을 늘어놓고, 한두 살의 나이 차이로 서열을 정하며, 일 처리 방식에 대한 자신만의 고정관념을 강요하는 등 전형적인 꼰대의 특성을 보입니다. 가장 큰 특징은 자기 인식의 부재입니다. 그들은 자신을 기성세대 꼰대와는 다르며, 합리적이고 도움이 되는 조언을 하고 있다고 굳게 믿습니다. 이러한 행태는 기성세대와 신세대 간의 갈등을 넘어, M세대 리더가 Z세대 직원을 '요즘 애들'로 취급하는 등 MZ세대 내부의 새로운 갈등을 일으키기도 합니다. 또한, 부하 직원에게는 정서적 공감을 요구하면서 자신은 베풀지 않고, 피드백을 개인적인 공격으로 받아들이며 방어적인 태도를 보이기도 합니다.

'젊은 꼰대' 현상은 '꼰대' 문화가 단순히 기성세대의 특성이 아니라, 조직 내에 깊이 뿌리내린 '권위주의적 행태'가 세대를 넘어 '전이'되고 있음을 보여주는 중요한 현상입니다. 젊은 세대가 기성세대의 권위주의에 반발하면서도, 스스로 권력을 쥐게 되면 유사한 태도를 답습한다는 것은, 조직 문화 자체가 권위주의를 학습하고 재생산하는 구조적 문제를 안고 있음을 의미합니다.

이는 권위주의적 조직 문화가 너무나 강력하여, 처음에는 그 문화의 피해자였던 이들조차 결국에는 가해자로 동화시키고 있음을 보여줍니다. 젊은 리더들이 과거 자신이 비판했던 행동을 그대로 따라 하는 이유는, 그들의 조직 경험을 통해 그러한 행동이 보상받고 인정받는 가장 효과적인 생존 방식임을 학습했기 때문일 수도 있고, 실제 보고 배울 사람이 꼰대 리더였기 때문일 수 있습니다. 즉, 시스템이 그들에게 권위를 유지하고 행사하기 위해서는 권위적으로 행동해야 한다고 가르친 것이니 보고 들은 게 도적질이었던 것이지요.

기성세대가 은퇴하면 자연스럽게 문제가 해결될 것이라는 안일한 기대는 환상에 불과합니다. 새로운 세대의 리더들이 이미 낡은 리더십의 모습을 그대로 복제하고 있는 '문화적 재생산'의 악순환이 일어나고 있기 때문입니다. 따라서 근본적인 조직 구조, 권력 역학, 평가 및 승진 제도의 개혁 없이는 '꼰대 문화'가 영속될 수밖에 없음을 시사하기도 합니다.

게임의 룰을 바꿔야 합니다

리더는 나이가 아닌 리더십 역량에 기반하여 임명되어야 하며 고령 직원에 대한 고정관념과 연령차별주의를 극복하고, 모든 세대가 가치를 인정받고 기여할 수 있는 포용적인 조직 문화를 구축해야 합니다.

고령화로 인한 핵심 인력의 은퇴에 대비하여 리더십 개발 및 후

계자 양성 계획은 필수적입니다. 잠재력 있는 인재를 조기에 발굴하고, 멘토링 프로그램, 직무 순환, 특별 프로젝트 등을 통해 리더십 역량을 체계적으로 개발해야 합니다. 특히 중간 리더급을 강화하여 장기적인 성장을 위한 강력한 리더십 파이프라인을 구축하는 것이 중요합니다. 이는 예상치 못한 리더십 공백에도 조직의 안정성을 유지하는 데 기여합니다.

승계 계획은 단순히 은퇴하는 리더를 대체하는 것을 넘어, 조직의 장기적인 안정성과 연속성을 보장하기 위한 핵심 전략입니다. 이는 최고 리더십뿐만 아니라 중간급 리더와 신규 리더에게까지 확대되어야 합니다.

정년이 연장된다고 하여도 베이비붐세대의 대규모 은퇴와 이에 따른 리더십 공백을 대비하기 위해서 승계 계획 또는 리더십 풀의 조기 확보는 준비되지 않은 독성 리더의 양산을 막기 위해서도 매우 중요한 이슈입니다. 과거에는 누구나 승진한다고 생각하였기에 승계 계획이 동기부여를 방해한다고 부정적으로 보기도 하였으나, 이제는 될 사람 발굴하고 육성하여 관리자 보직을 부여하는 시대이기에 저항이 크지 않을 것으로 보입니다. 이제 다음과 같이 게임의 룰을 바꾸어야 합니다.

1 | 나이가 아닌 역량 중심의 리더 선발

고령 인력이 늘어나면서, 리더는 더 이상 나이나 근속 햇수가 아닌 실제 리더십 역량과 업무 능력에 기반하여 임명되어야 한다는 인식이 강화될 것입니다. 나이가 어린 팀장이 나이 많은 팀원을 이끄는 상황이 자연스러운 조직 문화가 필요합니다.

2 | 정기적인 리더십 교체

고령화된 인력 구조는 조직 활력 저하로 이어질 수 있으며, 일부 고령 리더의 경우 판단력이나 시대적 공감 능력이 떨어질 수 있다는 지적도 있습니다. 이에 따라 정기적인 리더십 교체와 새로운 리더십 모델의 도입이 중요해집니다.

3 | 나이 많은 리더의 실패 최소화

전통적인 수직적 위계질서와 상명하복 문화에 익숙한 리더들은 변화된 환경에서 리더십 실패를 겪을 수 있습니다. 특히 '꼰대'와 같은 부정적 인식이 확산하면서, 나이 많은 리더가 젊은 팀원에게 일을 시키기 어려워지는 현상도 발생할 수 있습니다. 이는 조직 내 소통의 부재와 비효율을 초래하며, 혁신적인 아이디어 창출을 저해할 수 있습니다.

4 | 세대 통합 리더십 내재화

이사회 구성, 승계 계획, 성과 평가 등에 세대 다양성 기준을 반영하여 '세대 통합 리더십'을 HR 전략과 조직 문화 전반에 근본적으로 통합해야 합니다.

5 | 쉐도우 보드

젊은 구성원으로 구성된 가상 이사회가 실제 경영진에게 전략을 제안하고 혁신 프로젝트를 주도하는 모델입니다. 이는 젊은 세대의 아이디어를 경영 의사결정에 직접 반영하고, 그들의 참여를 유도하여 조직의 미래 대응력을 높이는 데 기여합니다.

게임의 룰을 바꾸는 것만으로 세대갈등이 극복되지는 않을 것입니다. 조직문화의 양극화와 세대 간 격차를 해소하기 위해 리더들에게는 그 어느 때보다 통합적 역량이 요구됩니다. 성공적인 리더는 디지털과 아날로그 영역을 자유롭게 넘나들며, 서로 다른 세대와 사고방식 사이의 다리 역할을 효과적으로 수행할 수 있어야 합니다. 연결적 리더십의 핵심은 차이를 인정하는 것을 넘어, 그 '차이'를 조직의 창의성과 혁신을 촉진하는 '다양성'으로 전환하는 데 있습니다.

장을 마치며

우리 조직의 세대 간 시너지를 위한 리더십, 준비되었습니까?

1. 우리 조직에서는 세대 간 소통의 벽은 얼마나 높다고 느끼시나요? 혹시 그 벽 때문에 답답함을 느끼고 있지는 않습니까?

2. 혹시 우리 젊은 리더들이 '젊은 꼰대'가 되어가고 있지는 않습니까?

3. '왜 잘못된 리더가 승진할까?'라는 의문에 공감하시나요? 당신의 조직은 리더십을 '제대로' 선발하고 육성하고 있다고 생각하십니까?

4. MZ세대가 던지는 "왜요?"라는 질문에 우리 리더들은 어떻게 반응하나요? 혹시 우리 리더들도 '의미 없는 노동'을 강요하는 리더는 아닙니까?

5. 우리는 기성세대에게 '꼰대'를 비판하는 것을 넘어, 그들의 경험과 지혜를 새로운 방식으로 활용하고 있습니까?

3장

리더는 하기 싫고 리더를 시켜주기도 싫고

:
언보싱

기업의 고령화는 단순히 인구 구조의 변화를 넘어, 조직 내 리더십의 근본적인 위기를 초래하고 있습니다. 이 위기는 책임지기 싫어서, 오래 다니고 싶어서 리더가 되지 않으려는 '의지의 부족'과 디지털 혁신의 과정에서 필요가 소멸하고 있는 중간관리자와 그들에게 닥친 '역량의 부재'라는 두 가지 축으로 설명될 수 있습니다.

'언보싱Unbossing' 현상은 고령화와 조직 운영 방식 측면에서 중요한 변화를 의미합니다. 이 현상은 크게 두 가지 패턴으로 나뉘며, 서로 밀접하게 연관되어 있지만 적용 방식에서 차이를 보입니다. 첫째는 젊은 세대가 전통적인 관리직 역할을 의도적으로 피하는 경향이며, 둘째는 조직이 관리직의 역할을 통제에서 촉진으로 전환하는 구조적 변화입니다. 이러한 이중적 특성은 언보싱 현상이 직원들의 요구 변화와 조직의 민첩성 증대 필요성이라는 두 가지 상호 연결된 힘으로 추진되고 있음을 시사합니다. 즉, 이 현상은 직원들의 자발적인 선택(상향식)과 조직의 전략적 재편(하향식)이 결합한 결과로 볼 수 있습니다.

왜 리더가 되기 싫은 걸까요?

'언보싱Unbossing'은 조직 내에서 승진이나 관리자 역할을 의도적으로 거부하는 현상을 의미합니다. 이는 과거 승진이 최고의 보상이자 인정의 의미였던 것과는 대조적인 새로운 트렌드입니다.

의식적인 언보싱의 주요 촉매제는 특히 Z세대가 노동 시장에 진입하면서 보여주는 뚜렷한 가치와 기대치입니다. 로버트 월터스가 조사한 Z세대 근로자의 절반 이상(52%)은 중간급 리더가 되기를 원하지 않으며, 일부 연구에서는 16%가 직접적인 보고 관계를 포함하는 역할을 아예 거부한다고 밝히고 있습니다.

Z세대는 전통적인 경력 발전 개념보다 자신의 웰빙과 직무 만족도를 우선시합니다. 그들은 건강한 일과 삶의 균형을 유지하고 자율성을 보존하고자 하며, 전통적인 경력 사다리를 의식적으로 거부하고 보다 개인화된 전문성 성장 경로를 선호합니다. 이전 세대가 관리직을 성공의 유일한 경로로 보았을 수 있는 것과 달리, Z세대 근로자들은 자신의 전문 기술을 개발하고 업무에서 목적을 찾는 데 더 많은 관심을 보입니다. 그들은 전통적인 사다리를 오르기보다는 새로운 기술을 습득하고 프로젝트나 회사 간에 유연하게

이동할 수 있기를 선호합니다.

관리직으로 승진할 때 수반되는 사람 관리People Management의 부담, 심리적 소모, 책임 증가에 대한 거부감이 언보싱의 주요 원인입니다. 기존 관리자들이 겪는 번아웃과 스트레스를 보면서 후임자들도 추가 책임을 감당하기를 꺼리게 됩니다. 또한, 승진해도 리더십 교육이 부족하고 급여 인상이나 보상이 크지 않으면 승진 동기가 감소합니다. 즉, 일은 많아졌는데 보상은 적다고 느끼는 것입니다.

경기 침체로 인한 기업들의 임원 규모 축소와 승진문이 좁아지는 현실, 그리고 승진 시 연장/휴일 근로수당 박탈, 노조원 신분 상실 등의 현실적인 불이익도 언보싱을 부추기는 요인입니다. 실제로 잡코리아 설문조사에 따르면 MZ세대 직장인의 54.8%가 임원 승진 의사가 없다고 응답했으며, 가장 큰 이유는 '책임을 져야 하는 위치가 부담스러워서'(43.6%)였습니다.

과거에는 승진이 곧 명예와 경제적 보상의 정점이었지만, 이제는 승진이 '회사 일찍 떠나는 지름길', '수당 없는 야근', '책임만 늘고 보상은 미미'한 길로 인식되고 있습니다. 특히 '사람 관리'에서 오는 심리적 피로감과 정서적 리더십 요구 증가는 MZ세대가 중요시하는 '개인의 삶과 행복'과 직접적으로 충돌합니다. 이는 단순히 '일하기 싫다'는 개인적 선호를 넘어, 기업의 전통적인 '리더십'에 대한 가치 제안Value Proposition 자체가 붕괴하고 있음을 시사하는 중대한 변화입니다. 즉, 새로운 세대는 '더 많은 일과 책임'에 대한 '합당한 보상'이 없다면 기꺼이 리더의 자리를 거부하겠다는 새로운 직업 가치관을 형성하고 있으며, 이는 기업이 인력 유치 및 리더 육성 전략을 전면 재검토해야 할 필요성을 강력하게 제기합니다.

게다가 언보싱 현상은 젊은 세대에게만 나타나는 현상이 아닙니다. 무보직 고직급자들에게도 언보싱 현상이 나타나고 있습니다. 이미 중간급 리더가 되지 않았다면 굳이 이제 와서 리더가 될 필요가 없다고 느끼고 있거나, 중간급 리더가 되어 임원으로 승진하면 정년까지 근속할 수 없다고 판단하여 의도적으로 리더가 되기를 거부하기도 합니다. 일부 공공기관에서는 임기가 정해져 있는 상임이사가 되는 시기를 정년 무렵에 맞추기 위해서 승진 시기를 조절하기도 합니다.

회사도 리더가
점점 필요 없습니다

갈수록 리더가 되기를 원하지 않는 사람들이 늘어 가기도 하지만 회사도 갈수록 전통적인 위계조직에서 명령을 전달하고 정보를 취합하여 보고하는 관리자의 필요성이 줄어들기도 합니다. 즉, 중간 관리직의 제거 또는 축소(계층 축소)가 일어나고 있습니다. 이는 종종 비용 절감, 효율성 증대, 의사 결정 가속화를 목표로 관리 계층을 제거하여 조직 계층을 간소화하는 것을 포함합니다. 이러한 구조적 변화는 정보 흐름을 더 직접적으로 만들고 의사 결정을 분산시켜 보다 평평한 조직을 만드는 것을 목표로 합니다.

고도성장이 어려운 환경에서 기업들은 비용에 집중하고 조직 투자를 자세히 검토해야 하는 압력을 받고 있습니다. 중간 관리 계층을 줄이는 것은 인건비를 줄이고 구조를 간소화하는 효율적인 방법이 될 수 있습니다. 한 명의 고액 연봉 관리자를 줄이면 두 명 이상의 주니어 직원을 줄이는 것만큼 비용을 절감할 수 있기 때문입니다.

조직이 성장함에 따라 의사 결정이 관료화되고 좋은 아이디어가 여러 관리 계층을 거치면서 걸러지는 경향이 있습니다. 평평한 조직은 고위 리더들이 현장 직원들로부터 직접 의견을 듣고 시장 변화와 비즈니스 요구에 더 신속하게 대응할 수 있도록 합니다. 또한, 자동화된 보고, 실시간 대시보드, 비즈니스 인텔리전스 도구와 같은 기술 발전은 고위 리더들이 성과 데이터와 잠재적 문제에 직접 접근할 수 있게 하여, 정보 집계를 위한 중간급 리더에게 전통적으로 의존하는 것을 줄여줍니다.

평평하고 에자일한 조직 운영은 관리직 역할의 근본적인 변화를 요구합니다

전통적인 지휘-통제형 인물 대신, 리더들은 촉진자, 코치, 멘토, 조력자로 진화하게 됩니다. 그들의 주요 기능은 직원들의 행동을 지시하는 것에서 그들에게 권한을 부여하고, 자율성을 촉진하며, 그들의 주도성과 책임을 지원하는 것으로 변화됩니다. 이러한 역할 재정의는 직원들의 잠재력을 발휘하고, 참여도를 높이며, 혁신을 주도하는 것을 목표로 합니다. 이러한 측면에서 '언보싱' 경향은 변화하는 인력 기대치, 기술 발전, 비즈니스 맥락에서 조직의 민첩성 요구에 대한 대응입니다.

어찌 되었든 언보싱의 동인이 다면적이라는 점을 알 수 있습니다. Z세대가 직원 관점에서 '의식적인 언보싱'의 중요한 촉매제 역할을 하지만, 더 넓은 경제적 및 조직적 요인(비용, 민첩성, 기술)은 구조적 관점에서 조직을 '언보싱'으로 이끌고 있습니다. 이는 직원들의 바람과 조직의 필요가 만나는 공생 관계를 시사합니다. Z세대의 선호는 인재 시장에서 '끌어당기는' 힘(다른 업무 방식 요구)을 만들고, 경제적 압력은 조직 측에서 '밀어내는' 힘(효율성 및 반응성 추구)을 만듭니다. 이러한 이중 원인 관계를 이해하는 것은 조직에 매우 중요합니다. 이는 언보싱에 대한 접근 방식이 단순히 Z세대의 요구에 적응하는 것을 넘어, 더 넓은 비즈니스 목표인 효율성과 민첩성을 달성하기 위해 이를 전략적으로 활용해야 함을 의미합니다.

신중하게 구현될 경우, 언보싱은 직원과 조직 모두에게 다음과 같이 다섯 가지의 이점을 제공하여 더 역동적이고 참여적이며 효율적인 직장을 조성할 수도 있습니다.

첫째, 직접적인 감독을 줄이고 직원들이 주도권을 가질 수 있도록 권한을 부여함으로써, 언보싱은 업무에 대한 통제감을 높여줍니다. 관리하고 감독하는 사람들을 통한 통제보다는 스스로 일을 구조화하기에 높은 참여도, 동기 부여 증가, 직무 만족도 향상을 가져올 수 있습니다. 시켜서 하는 일이 아니라 스스로 알아서 하는 일이 되는 거지요. 직원들은 소유권을 가질 때 목적의식을 느끼고 더 몰입하게 됩니다.

둘째, '레드 테이프'를 최소화하고 계층을 평평하게 함으로써 정보 흐름이 빨라지고 직원과 고위 리더십 간의 직접적인 의사소통이 가능해집니다. 이는 의사 결정 프로세스를 가속화하고 직원들이 두려움 없이 아이디어를 공유하고 위험을 감수하도록 장려하여 혁신과 적응성을 높입니다.

셋째, 조직에 대한 실질적인 이점 중 하나는 중간 관리 계층의 제거 또는 축소를 통한 비용 절감 가능성입니다. 이러한 '계층 축소'는 상당한 행정 오버헤드를 절감하고 관리 구조를 간소화하여 전반적인 운영 효율성에 기여할 수 있습니다.

넷째, 중간 계층이 줄어들면서 직원들은 고위 경영진과 직접 소통할 기회가 늘어납니다. 이러한 직접적인 접근은 현장 아이디어가 의사 결정자에게 더 빠르게 도달할 수 있도록 하여 조직 전체에 이점을 줄 수 있습니다. 동시에 고위 리더들은 현장 직원들이 직면하는 어려움에 대해 더 깊이 이해하게 됩니다.

다섯째, 언보싱은 고잠재력 직원들이 더 많은 책임을 맡고 더 큰 자율성을 행사함으로써 조직 내에서 '날개를 펼치고' 성장할 귀중한 기회를 창출할 수 있습니다. 이는 변화된 역량으로 미래 리더십 역할을 준비하는 강력한 개발 도구가 될 수 있습니다.

언보싱의 이점, 특히 자율성 증가와 의사결정 가속화는 조직의 민첩성과 효율성이 중시되는 오늘날의 경영 환경에서는 많은 긍정적 효과를 가져올 수 있습니다.

언보싱에 잘못 대응하면
리더십은 붕괴합니다

언보싱이 가지고 있는 긍정적 기대효과에 못지않게 잘못 대응했을 때는 심각한 리더십 위기를 낳을 수도 있습니다.

첫째, 감독이 줄어들고 역할 정의 및 책임 메커니즘이 동반되지 않으면, 직원들은 눈에 띄지 않게 최소한의 업무만 수행하는 '조용한 퇴사'로 이어질 수 있습니다. 특히 크거나 복잡한 조직에서는 이러한 명확성 부족이 책임과 의사 결정 권한에 대한 혼란과 혼동을 초래할 수 있습니다.

둘째, 멘토 역할을 하는 관리자로부터 정기적인 상호작용, 지침 및 지원이 없으면 직원들은 개발 기회가 부족하다고 느낄 수 있습니다. 이는 참여도 저하, 지원받지 못한다는 느낌, 궁극적으로는 특히 더 많은 지도가 필요한 신입 직원의 이직률 증가로 이어질 수 있습니다.

셋째, 중간급 리더가 사라지면 고위 경영진은 실행의 전술적 세부 사항에 점점 더 많이 개입하게 될 수 있습니다. 이는 일부 통찰력을 제공할 수 있지만, 전략적이고 큰 그림의 이니셔티브에 대한 집중을 줄이는 기회비용이 발생하여 전반적인 효율성을 저하할 수 있습니다. 기존보다 더한 마이크로 매니징에 몰두할 수 있는 겁니다. 또한, 신입 또는 경험이 적은 직원들은 현장 멘토나 즉각적인 책임 지원 없이는 어려움을 겪을 수 있습니다. 문제 발생 시 명확한 연락 창구의 부재는 그들의 학습과 생산성을 저해할 수 있습니다.

넷째, 직접 보고하는 직원의 수가 권력과 급여의 대리 지표인 조직에서는 관리직을 포기하는 구성원들이 보상과 영향력을 유지하기 어려울 수 있습니다. 무보직 고직급자에게 자문, 지식 전수자, 멘토 등의 역할을 부여하지만 형식적인 호칭 부여에 그치고 그들에게 낮은 성취감과 부하 직원들의 냉소적인 반응을 심화시킬 수 있습니다.

다섯째, 리더는 고위 경영진의 전략을 실행 가능한 목표로 전환하고 팀이 회사 목표와 일치하도록 하는 데 중요한 역할을 합니다. 이러한 역할에 강력한 리더십이 없으면 기업은 조직 결속력을 잃고 전략적 이니셔티브를 효과적으로 구현할 수 있는 능력을 잃을 위험이 있습니다.

언보싱 대응 실패로 인한 영향은 언보싱에 대해 신중한 계획과 투자가 필요한 복잡한 변화임을 알게 해줍니다. 단순히 계층을 제거하는 것은 기존 관리자가 수행하던 중요한 기능(예: 명확성 제공, 책임 보장, 개발 촉진, 전략 번역, 현장 지원 제공)의 부재를 초래합니다. 만약 관리자가 제거되거나 그들의 역할이 재정의되면서 동시에 지침, 책임, 전략적 정렬 및 직원 개발을 위한 대체적이고 분산된 메커니즘(예: 동료 지원, 명확한 프로세스, 기술 또는 재정의된 고위 리더십 책임)이 구축되지 않는다면, 역할 불분명으로 인한 혼란, 개발 기회 부족, 고위 리더십의 전술적 세부 사항 개입, 그리고 기존 관리자들의 '구매자의 후회'와 정신 건강 악화는 신중하게 관리되어야 할 위험 요소입니다.

이러한 도전 과제는 언보싱이 단순한 계층 축소가 아니라, 역할 재정의, 심리적 안전 문화 조성, 대체 개발 경로 투자, 그리고 기술 활용을 포함하는 총체적인 운영 모델 재설계를 요구하는 복잡한 변화임을 강조합니다.

언보싱을 적절하게 설계해야 합니다

언보싱의 이점을 극대화하고 문제점을 최소화하기 위해서는 다음과 같은 체계적인 설계와 운용이 필요합니다.

먼저 언보싱의 초석은 인력 전반에 걸쳐 권한과 의사 결정 권한을 위임하는 것입니다. 이는 직원들에게 혁신하고, 주도권을 가지며, 실수로부터 배울 수 있는 자유를 부여하되, 강력한 지원 메커니즘을 갖추는 것을 의미합니다. 의식적인 리더는 팀원들에게 무엇을 해야 할지 정확히 지시하는 대신, 그들 스스로 해결책을 찾도록 안내하는 질문을 던집니다. 이러한 '통제에서 권한 부여로의 전환'은 단순히 철학적인 변화가 아니라 혁신과 민첩성에 대한 욕구로 주도되는 실질적인 필요성입니다. 권한을 부여받은 직원들은 위험을 감수하고 혁신할 가능성이 높으며, 이는 조직의 적응성에 직접적으로 기여합니다. 직원들에게 더 큰 자율성을 부여하고 관료주의적 병목 현상을 제거함으로써, 의사 결정 프로세스를 가속할 수 있으며, 이는 '레드 테이프'가 최소화되었던 코로나19 팬데믹 기간에 목격된 역동성과 유사합니다.

다음으로 언보스드 환경에서 신뢰 구축은 필수적입니다. 이는 리더가 중요한 정보를 공유하고, 어려움에 대해 정직하며, 심지어 취약성을 보이는 투명성을 통해 달성됩니다. 이러한 개방성은 팀원들이 두려움 없이 의견을 말하고, 위험을 감수하며, 아이디어를 기여할 수 있는 심리적으로 안전한 환경을 조성합니다. 리더는 휴식을 장려하고, 개인 시간을 존중하며, 직원들이 정신 건강 문제를 편안하게 논의할 수 있는 문화를 조성합니다.

심리적 안전이 없다면, 투명성은 두려움을 낳고, 권한 부여는 불안을 낳으며, 피드백은 방어적인 태도를 유발하여 언보스드 환경의 근간을 훼손할 수 있습니다. 이는 심리적 안전이 단순히 유익한 결과가 아니라 근본적인 전제 조건임을 의미합니다. 조직은 단순히 구조적 변화나 새로운 리더십 직함을 구현하는 것을 넘어, 언보싱이 혁신과 참여라는 약속된 이점을 진정으로 실현하기 위해 깊이 뿌리내린 신뢰와 안전 문화를 적극적으로 육성해야 합니다.

제도적으로는 Z세대가 전통적인 승진보다 개인적인 성장을 선호한다는 점을 인식하여, 언보싱은 조직이 개인의 기술과 관심사에 따라 발전할 수 있는 전문 트랙을 제공하도록 장려합니다. 이러한 변화는 모든 사람을 관리직으로 강제하는 것에서 벗어나, 보다 맞춤화된 경력 개발 기회로 이어집니다.

또한 승진이 주로 관리직으로의 이동을 의미했던 전통적인 경력 사다리는 재정의되고 있습니다. 조직은 개인의 기술 개발에 점점 더 집중하고 있으며, 모든 사람을 관리직으로 강제하는 대신 개인의 전문성과 관심사에 따라 발전할 수 있는 '전문 트랙'을 제공합니다. 이는 모든 사람이 사람을 관리하는 데 적합하거나 관심이 있는 것은 아니라는 점을 인정합니다.

이러한 기술 기반 경력 발전으로의 전환은 Z세대의 명시된 선호도에 대한 직접적인 적응이자 관리직 '인재 파이프라인' 문제에 대한 전략적 대응입니다. 관리직이 유일한 발전 경로라면 떠날 수도 있는 귀중한 리더십 인재를 유지할 수 있도록 함으로써, 직원 만족도와 인재 유지를 동시에 해결합니다. 이는 단순한 구조적 변화를 넘어 인사 및 인재 관리 관행의 전략적 진화를 시사하며, 모든 직원을 위한 더 다양하고 매력적인 경력 경로를 만드는 데 개인화된 경력 개발이 강력한 유지 및 참여 도구임을 보여줍니다.

조직 문화와 조직 구조 측면에서는 '평평한 계층 구조' 또는 '수평적 조직 구조'를 설계하고 보다 수평적이고 평등한 문화를 조성해야 합니다. 조직 구조가 평평해질수록 중간급 리더가 잠재적으로 줄어들고 자기 주도적 업무, 동료 협업, 지식 공유에 대한 강조가 증가함에 따라 언보싱은 보다 평등한 문화가 필요합니다. 개방적인 의사소통 채널과 공동 의사 결정이 일반화되며, 직원들이 서로를 동등하게 존중하고 어떤 위치에서든 기여가 중요하게 평가되며, 심지어 신입 직원도 CEO와 직접 소통할 수 있어야 합니다. 그렇기에 언보싱 하의 리더십은 재정의되어야 합니다. 통제를 강요하는 대신, 리더는 직원들을 발전으로 이끌고, 책임을 맡도록 권한을 부여하며, 개인적 및 직업적 성장을 지원하는 멘토 유형의 역할을 채택합니다. 감성 지능, 공감, 적응성은 이러한 새로운 리더십 프레임워크에서 성공을 위한 근본적인 능력이 됩니다.

그럼에도 리더는 필요합니다

언보싱 현상이 확산되면 조직 내 리더십 공백이 발생하여 의사 결정 속도가 느려지고 조직의 효율성이 떨어질 수 있습니다. 특히 중간 리더의 부재는 조직 운영에 큰 영향을 미치며, 차세대 리더 육성 프로그램이 무력화될 가능성이 있습니다. 훌륭한 관리자 부족으로 인해 성과 피드백 및 평가 업무가 지연되거나 부정확하게 이루어질 수 있으며, 이는 조직 전체의 경쟁력 저하로 이어집니다.

개인적으로는 승진 거부로 인해 조직 내 경력 개발 기회가 줄어들고, 승진 없이 고임금을 받기 어려워 소득 정체가 발생할 수 있습니다. 실무자와 보직자 리더가 다루는 정보와 지식수준 자체가 다르므로, 실무자로서의 길을 선택하면 그만큼 낮은 수준의 정보와 지식에 의존하게 되어 자발적 경력 단절 현상이 생길 수도 있습니다.

언보싱 현상이 조직에 미치는 영향을 깊이 들여다보면, 단순히 '리더가 없다'는 일차원적인 문제를 넘어 조직의 '미래 성장 동력' 자체가 위협받게 됩니다. 리더십 공백은 단기적인 업무 효율성 저하를 넘어, 조직의 핵심 자산인 '리더십 파이프라인'을 고갈시킵니다. 중간급 리더가 부족하면 신입 직원에 대한 육성 및 멘토링이 제대로 이루어지지 않고, 이는 다시 차세대 리더십 풀의 약화로 이어지는 악순환을 만듭니다. 또한, 승진 거부로 인한 개인의 경력 단절은 조직 내 숙련된 전문 인력의 성장을 저해하여 장기적인 혁신 역량을 약화시킵니다.

결국 언보싱은 조직이 변화에 민첩하게 대응하고, 새로운 비전을 제시하며, 미래 인재를 육성할 수 있는 근본적인 능력을 상실하게 만들어, 지속 가능한 성장을 위협하는 구조적 리스크로 작용합니다. 리더의 역할이 바뀌는 것이지 리더가 없어지는 것은 아닙니다. 리더를 제대로 세우지 못하는 조직에 미래는 없습니다.

> **장을 마치며**

언보싱 시대, 우리는 어떻게 대처해야 할까요?

1. 우리 회사에서 '언보싱' 현상은 얼마나 만연해 있습니까? 젊은 세대뿐 아니라 고경력자들도 리더가 되기를 꺼리고 있지는 않나요?

2. 우리 회사는 중간 관리자를 줄이면서 조직의 민첩성과 효율성을 높이려는 구조적 변화를 시도하고 있습니까?

3. '통제에서 권한 부여로'의 리더십 전환을 위해, 우리 리더들은 팀원들에게 진정한 자율성을 부여하고 심리적 안전감을 조성하고 있습니까?

4. 전통적인 승진 사다리 외에, 우리 회사는 개인의 기술과 전문성을 발전시킬 수 있는 '전문 트랙'을 제공할 계획입니까?

5. 언보싱 시대의 리더십 공백은 조직의 '미래 성장 동력'을 위협합니다. 우리 회사는 차세대 리더십 파이프라인을 구축하고 숙련된 인력을 효과적으로 활용하기 위한 구체적인 계획이 있습니까?

4장

리더로 버티다 점점 더 지쳐갑니다

: 번아웃

세대 간의 가치관 차이와 디지털 세대 격차는 점점 심해지고, 관리자에 대한 기대 역할이 빨리 변할 뿐만 아니라 점점 더 많은 역할 들을 요구하는 상황에서 다들 지쳐가고 있습니다.

조직 내에서 중간관리자는 최고 경영진의 비전을 실행 가능한 전략으로 전환하고, 팀이 회사 목표에 부합하도록 성과를 창출하는 데 결정적인 연결고리 역할을 수행합니다. 이들은 정보 흐름의 통로이자, 조직 문화를 선도하며, 팀 성과와 인재 유지의 핵심 동력입니다. 이러한 중요한 역할을 수행해야 함에도 불구하고, 리더들은 점점 더 심화되는 압력에 직면하고 있으며, 지쳐가고 있습니다.

동시에 더 많은 기업이 앞에서도 살펴보았듯이 중간관리자 계층을 축소하여 "언보싱^{unbossing}"을 시도하고 있습니다. 이러한 현상은 중간관리자의 가치에 대해 의심을 하고 비용 절감 또는 더 평평한 조직 구조를 만들어도 문제가 없다는 압박을 가해 오고 있습니다.

지치면
아무것도 하기 싫어집니다

　관리자 번아웃은 관리직에 있는 개인이 장기간의 과도한 업무 관련 스트레스로 인해 겪는 만성적인 신체적, 정서적 소진 상태를 의미합니다. 이는 세계보건기구^{WHO}에 의해 직업 현상으로 공식 인정되었습니다. 번아웃은 크게 세 가지 핵심 증상으로 특징지어집니다.

1 | 정서적 소진

　이는 정서적으로 고갈되고, 압도당하며, 무관심해지고, 업무에 대한 열정이나 공감 능력이 부족해지는 느낌을 의미합니다. 관리자는 정서적으로 고갈되거나 무감각해져 공감과 열정이 감소할 수 있습니다.

2 | 비인간화(냉소주의)

　이 요소는 자신의 업무, 동료 또는 조직에 대해 부정적이고 냉소적이거나 무관심한 태도를 보이는 것을 포함합니다. 이는 다른 사람들과의 상호작용에서 짜증, 조급함, 좌절감 증가로 나타날 수 있습니다.

3 | 개인적 성취감 저하

이는 자신의 직업적 역할에서 성취감이나 효과성이 감소하는 것을 의미하며, 부적절함, 자존감 저하, 자신의 노력이 헛되거나 제대로 인정받지 못한다는 인식을 초래합니다.

이러한 핵심 증상 외에도 번아웃은 관리자의 전반적인 건강과 성과에 영향을 미칠 수 있는 다양한 관찰 가능한 증상을 통해 나타납니다.

4 | 신체적 증상

충분한 휴식 후에도 지속되는 신체적 피로, 만성적인 직장 스트레스, 낮은 에너지 수준, 두통, 불면증 또는 수면 장애, 근육 긴장, 고혈압과 같은 스트레스 관련 건강 문제

5 | 정서적 증상

정서적으로 고갈되고, 무관심하며, 무감각해지는 느낌, 흥미나 열정 상실, 짜증, 조급함, 좌절감 증가, 부정적인 기분 변화, 직장에서의 고립 경향

6 | 인지적 증상

집중력 저하, 기억력 감퇴, 의사 결정 능력 저하, 집중력과 명확성을 방해하는 지속적인 "정신적 안개" 경험

7 | 행동적 증상

회의 또는 조직 활동 참여 감소, 업무 또는 피드백으로부터의 거리감, 의사결정에 대한 낮은 자신감 또는 주저함, 결근 또는 미루는 습관 증가, 그리고 궁극적으로 이직 가능성 증가

[표 4-1] 리더 번아웃의 주요 차원 및 증상

번아웃 차원	설명	관련 증상(물리적, 정서적, 인지적, 행동적)
정서적 소진	직무 요구로 인한 정서적 자원의 고갈 및 소진감	• **물리적**: 만성 피로, 낮은 에너지, 불면증, 두통 • **정서적**: 압도감, 무관심, 열정 부족, 감정적 마비 • **인지적**: 집중력 저하, 기억력 감퇴 • **행동적**: 업무 참여 감소, 사회적 고립
비인간화 (냉소주의)	업무, 동료, 조직에 대한 부정적, 냉소적, 또는 무관심한 태도	• **정서적**: 짜증, 조급함, 좌절감 증가, 부정적 시각 • **행동적**: 동료 및 팀원과의 관계 악화, 불평 불만
개인적 성취감 저하	직무 역할에서 자신의 능력과 성과에 대한 효능감 및 만족감 감소	• **정서적**: 부적절함, 자존감 저하, 무력감 • **인지적**: 의사 결정 어려움, 정신적 안개 • **행동적**: 생산성 저하, 목표 달성 어려움, 미루는 습관

관리자가 이 세 가지 차원을 모두 경험할 때 이직할 가능성이 5.3배 더 높다고 합니다. 또 "조용한 엑소더스"는 종종 눈에 띄지 않는 인재 유출을 의미합니다. 이러한 추세는 조직의 장기적인 인재 파이프라인에 심각한 도전을 제기합니다. 전략을 해석하고, 문화를 주도하며, 인재를 유지하는 데 필수적인 숙련된 중간관리자들이 이탈한다면, 이는 리더십 공백을 만들고, 운영을 불안정하게 하며, 조직의 지식 기반을 침식할 것입니다. 이러한 개인들을 대체하는 비용과 팀 결속 및 고객 관계에 대한 혼란은 상당할 것입니다.

왜
지쳐 갈까?

중간급 리더들은 "가운데에 끼인" 상태로 살아갑니다. 경영진의 요구와 직속 팀원들의 필요 및 기대 사이에서 균형을 잡아야 하지만, 종종 제한된 자원과 권한을 가지고 있습니다.

우선 중간 관리자들은 일반적으로 과중한 업무량, 촉박한 마감 기한, 그리고 여러 경쟁적인 책임에 직면합니다. 조직 목표와 기대를 충족해야 하는 끊임없는 압력은 긴 근무 시간과 맞물려 번아웃의 비옥한 토양을 만듭니다. 갤럽Gallup 여론조사에 따르면 2023년 중간관리자의 64%가 이미 과중한 업무량 외에 추가적인 업무 책임을 부여받았다고 합니다.

업무에 대한 과중한 부담감도 문제지만 자신의 업무나 의사 결정 과정에 대한 통제력이 거의 없다고 느낄 때 번아웃을 경험할 가능성이 훨씬 더 높습니다. 중간급 리더들은 종종 상부 지시와 일상적인 운영 현실 사이에 끼어 있으며, 44%가 의사 결정에 있어 자율성이 부족하다고 인식합니다. "권한-책임 격차"라는 근본적인 불균형이 존재합니다. 리더들은 "결과에 대한 책임"을 지고 "여러 책임"을 수행하지만, 종종 "제한된 자원이나 권한"과 "의사 결정에 있어 자율성 부족"으로 운영됩니다. 이러한 격차는 좌절감, 무력감, 그리고 번아웃의 직접적인 원인이 됩니다. 그들은 완전히 영향을 미칠 수 없는 결과에 대해 책임이 있기 때문에 "과도하게 지쳐" 있습니다. 이러한 제한된 권한은 결과에 대한 책임을 져야 함에도 불구하고 "과도하게 지쳐" 있거나, 환멸을 느끼고, 무기력해지는 느낌으로 이어집니다.

이러한 상황에서 기본적인 지원의 현저한 부재는 스트레스를 악화시킵니다. 해외 연구에 따르면 관리자의 77%가 고용되거나 승진할 때 리더 교육을 받지 못하여 역할의 복잡성에 대비하지 못하고 있습니다. 단 37%만이 초기 리더 교육을 받았습니다. 많은 조직은 그들을 지원할 도구가 부족하여 관리자의 59%가 멘토링 기회를 받지 못하고 있습니다. 또한, 그들의 노력에 대한 부족한 인정은 번아웃의 흔한 원인입니다.

나아가 갑작스럽게 리더를 맡게 되면 번아웃은 더 빠르게 나타납니다. 특히, 리더의 3분의 2 이상이 리더직을 맡을 의도가 없었고 "공식적인 리더 교육을 전혀 받지 못한 상황이라고 합니다. 다른 조사에서도 리더의 77%가 경력 채용 되거나 내부에서 승진할 때 리더 교육을 받지 못한다고 합니다. 이는 조직의 시스템적인 실패를 나타냅니다. 즉, 고성과자들은 종종 기술적 전문성과 이전의 성과를 바탕으로 승진하지만, 필요한 소프트 스킬, 인력 관리 교육, 멘토링 없이 리더십 역할에 투입됩니다. 그들은 엄청난 압력 속에서 "현장에서 배우도록" 방치되어 스트레스, 부적절함, 그리고 궁극적으로 번아웃 되어갑니다. 이렇게 갑작스럽게 리더가 되는 것은 조직이 근본적인 리더십 개발을 소홀히 함으로써 리더들을 실패와 번아웃으로 몰아넣고 있음을 의미합니다. 이는 리더의 개인적인 실패가 아니라, 조직의 리더십 육성의 실패입니다. 포괄적이고 지속적인 리더십 교육에 투자하는 것은 단순한 특혜가 아니라, 유능하고 자신감 있으며 회복력 있는 리더 계층을 구축하기 위한 전략적 필수 요소이며, 이는 다시 팀 생산성과 전반적인 조직 건강 및 안정성에 긍정적인 영향을 미칩니다.

리더가 지치면 조직도 지칩니다

리더 번아웃의 결과는 조직 전체에 파급되어 여러 계층과 중요한 기능에 영향을 미칩니다.

1 | 생산성 및 성과 저하

압도되고 무기력한 리더들은 자신의 역할을 효과적으로 수행하는 데 어려움을 겪으며, 이는 개인 및 팀 수준 모두에서 생산성 저하로 이어집니다. 연구에 따르면 번아웃의 세 가지 차원을 모두 경험하는 리더의 자가 보고 생산성은 평균 22점 낮은 것으로 밝혀졌습니다. 이는 마감 기한 미준수, 낮은 품질의 작업, 적극적이기보다는 반응적인 접근 방식, 그리고 팀 내 창의성과 혁신 억제로 나타날 수 있습니다.

2 | 높은 이직률 및 인재 유출

번아웃을 겪는 리더는 조직을 떠날 가능성이 훨씬 더 높습니다. 이러한 이직은 채용 및 교육 비용을 증가시키고, 팀 결속력을 방해하며, 고객 관계를 손상합니다. 그 영향은 리더 자신을 넘어 확장되며, 갤럽 연구에 따르면 직원 두 명 중 한 명은 리더로부터 벗어나기 위해 직장을 떠났다고 합니다. 이는 관리자 번아웃이 더 넓은 직원 유지에 직접적으로 미치는 영향을 강조하고 불만족의 파급 효과를 만듭니다.

3 | 팀 무기력 및 사기 저하

번아웃을 겪는 리더의 영향은 직속 팀원들에게 빠르게 파급되어 팀 내 스트레스 증가, 지원 시스템 약화, 우선순위에 대한 불확실성으로 이어집니다. 링크드인LinkedIn 설문조사에 따르면 직원의 30%가 상사가 너무 스트레스를 받아 적절한 지원을 제공할 수 없다고 보고합니다. 이러한 지원의 공백은 무기력, 사기 저하, 그리고 직속 팀원들의 이직률 증가로 이어집니다.

4 | 혁신, 개발 및 포용 노력 저해

리더가 압도되고 무기력해지면 혁신, 인재 개발, 다양성, 형평성 및 포용성DEI 노력과 같은 중요한 조직 이니셔티브가 추진력을 잃습니다. 팀은 덜 협력적으로 되어 개별 업무에만 집중하고, 창의적인 브레인스토밍이 억제될 수 있습니다.

5 | 전반적인 리더십 위험

리더의 번아웃은 단순한 복지 문제가 아니라, 조직의 준비 상태와 변화에 적응하고 변화를 주도하는 능력에 영향을 미치는 중요한 리더십 위험입니다. 이는 전략적 비전과 실행 사이의 격차를 넓혀 조직의 추진력을 저해할 수 있습니다.

리더의 번아웃은 "전염 효과"가 발생합니다. 리더의 번아웃이 팀원들에게 빠르게 파급되어 "스트레스 증가, 지원 시스템 약화, 불확실성"으로 이어지게 됩니다. 직원의 30%가 상사가 너무 스트레스를 받아 적절한 지원을 제공하지 않고 있으며, "직원의 3분의 2 이상이 나쁜 리더가 있다면 직장을 떠나는 것을 고려할 것"이라고 합니다. 이는 리더 번아웃이 고립된 개인의 문제가 아니라, 직속 팀원들의 정신 건강과 이직률에 직접적으로 영향을 미치는 전염성 있는 조직 현상임을 명확히 보여줍니다. 리더 번아웃을 무시하면 필연적으로 더 넓은 직원 번아웃, 무기력, 불만족으로 이어져 조직 전체에 걸쳐 이직의 악순환을 만들 것입니다.

지쳐가는 리더를 도와주어야 합니다

중간관리자 번아웃을 해결하려면 개인의 회복력과 시스템적인 조직 문제를 모두 목표로 하는 포괄적이고 다면적인 접근 방식이 필요합니다. 효과적인 전략은 반응적인 조치를 넘어선 적극적이고 통합적인 해결책을 포함해야 합니다.

1 | 업무량 최적화 및 일상 업무 자동화

조직은 리더의 업무량을 적극적으로 관리하고 최적화해야 합니다. 여기에는 프로세스 간소화, 일상적인 관리 업무 자동화, 그리고 관리자가 비필수적인 책임에서 벗어날 수 있도록 허용하는 것이 포함됩니다. 가트너Gartner 연구에 따르면 리더가 특정 책임에서 벗어날 수 있도록 허용하는 기업은 직무 관리가 가능하다고 느끼는 가능성이 두 배 증가합니다. 업무 재분배 또한 압력을 완화할 수 있습니다. 직원들에게 아이디어를 생성하고 의사 결정에 참여할 완전한 책임을 부여하여 자신의 업무를 주도하도록 권한을 부여함으로써, 리더가 마이크로매니징 하거나 유일한 의사 결정자가 되어야 하는 부담이 크게 줄어듭니다.

2 | 더 큰 자율성 및 명확한 책임 부여

리더와 그들의 팀을 의사 결정 과정에 참여시키고, 그들의 업무에 대한 더 많은 통제권을 부여해야 합니다. 혼란과 불안의 주요 원인인 스트레스를 예방하기 위해 역할, 책임 및 기대를 명확하게 정의해야 합니다. 여기에는 관리 역할의 목적, 범위 및 원하는 결과를 명확히 정의하고, 최고 경영진에 대한 직접적인 접근을 보장하며, 조직 계층에서 역할을 묻어두지 않는 것이 포함됩니다. 번아웃을 완화하기 위해 기업은 책임의 범위를 줄이거나, 더 효과적으로는 리더에게 그들의 책임에 상응하는 필요한 권한, 자원 및 의사 결정 권한을 부여해야 합니다.

3 | 포괄적인 리더십 및 소프트 스킬 교육에 투자

의사소통, 업무 우선순위 지정, 갈등 해결, 그리고 특히 코칭 기술과 같은 필수 관리 기술에 대한 목표 지향적이고 지속적인 교육을 제공해야 합니다. 리더에게 코칭 기술을 교육하면 팀 생산성이 18% 증가하는 것으로 나타났으며, 이는 다시 리더의 스트레스를 줄여 업무를 더 쉽게 만듭니다. 도구 키트, 보조 자료 및 대화 포인트를 제공하여 리더가 직원과의 민감한 감정적 대화를 처리하도록 지원해야 합니다.

4 | 심리적 안정, 개방적인 의사소통 및 인정 문화 조성

리더가 당황하거나 보복에 대한 두려움 없이 자신의 업무량과 스트레스 수준에 대해 편안하게 논의할 수 있는 환경을 조성해야 합니다. 직원이 위험을 감수하고 의견을 표명하는 데 편안함을 느끼는 심리적 안정은 인재 유지에 필수적입니다. 어려움과 도움 요청에 관한 대화를 정상화해야 합니다. 최고 경영진의 메모, 공개적인 인정, 또는 추가 휴가와 같은 관리자의 노력에 대한 빈번하고 건설적인 피드백 및 일관된 인정 및 감사 시스템을 구현해야 합니다.

5 | 일과 삶의 균형 및 유연한 근무 방식 장려

유연한 근무 시간, 원격 근무 옵션, 그리고 번아웃을 줄이는 정책을 통해 건강한 일과 삶의 균형을 적극적으로 지원해야 합니다. 리더가 휴식을 취하고, 개인 시간을 존중하며, 휴가에 대한 명확한 경계를 설정하여 진정으로 재충전할 수 있도록 해야 합니다.

6 | 멘토십 프로그램 및 동료 네트워킹 기회 구축

리더들이 종종 경험하는 고립감을 해소하기 위해 관리 동료들과 연결하고 경험을 공유할 구조화된 기회를 제공해야 합니다. 멘토십 프로그램은 관리자들에게 "경험이 있는" 사람과 대화할 기회를 제공하여 지침과 지원을 제공할 수 있습니다.

7 | 리더를 위한 명확하고 의미 있는 경력 경로 개발

리더의 전문적인 목표와 열망을 정기적으로 논의하여 그들이 경청되고 가치 있다고 느끼도록 해야 합니다. 전문성 개발 기회로 뒷받침되는 현실적인 경력 경로를 명확히 하여, 그들이 어려움을 극복하고 성취감을 느끼도록 격려해야 합니다. 여기에는 새로운 프로젝트나 다른 업무 범위가 포함되어 역할에 새로운 에너지와 활력을 불어넣을 수 있습니다.

8 | "상사"에서 "멘토/촉진자"로의 전환

리더를 통제하기보다는 안내하고 권한을 부여하는 멘토형 역할로 전환함으로써, 전통적인 "명령 및 통제" 리더십과 관련된 내재한 스트레스가 완화됩니다. 이는 리더의 스트레스를 줄이고 팀 생산성을 향상하기 위한 더 나은 코칭 기술의 필요성과 일치합니다.

9 | "샌드위치" 압박 해결

계층 구조를 평평하게 하고 최고 경영진과 최전선 직원 간의 직접적인 상호작용을 촉진함으로써, 의사소통 및 의사 결정이 더 분산되고 단일 중개자에 대한 의존도가 줄어들어 중간급 리더에 대한 "샌드위치" 압력이 크게 줄어들 수 있습니다.

장을 마치며

번아웃, 당신의 조직은 지쳐가는 리더들을 위한 실질적인 '안전망'을 갖추고 있습니까?

1. 우리 리더는 '번아웃'의 늪에 빠져 있지는 않습니까? 그들의 지친 모습이 팀원들에게까지 영향을 미치고 있다고 생각하십니까?

2. 우리 리더는 충분한 권한과 자원을 가지고 업무를 수행하고 있다고 생각하십니까? 혹시 '권한-책임 격차'로 인해 불필요하게 지쳐가고 있지는 않나요?

3. 리더들에게 체계적인 리더십 교육과 멘토링 기회를 충분히 제공하고 있습니까? 아니면 '고성과자'라는 이유로 '현장에서 배우도록' 방치하고 있지는 않나요?

4. 우리 리더들은 '지시-통제'형 리더에서 '멘토-촉진자'형 리더로 전환하고 있습니까?

5. 우리는 리더의 '일과 삶의 균형'을 진정으로 존중하고 있습니까? 리더들이 번아웃 없이 건강하게 일할 수 있는 문화를 만들고 있습니까?

5장

세상은 연결되는데 리더는 자기 영역에 갇혀 있네요

: 사일로 현상

조직 사일로 현상은 현대 기업의 생산성, 혁신 역량, 고객 경험, 그리고 직원 사기 등 전반적인 성과를 저해하는 중대한 도전 과제입니다. 이는 경직된 조직 구조, 부서 이기주의와 같은 문화적 요인, 그리고 호환되지 않는 기술 시스템과 같은 기술적 요인이 복합적으로 작용하여 발생합니다. 특히, 급격한 인구 고령화 시대에는 숙련된 인력의 은퇴로 인한 지식 손실과 세대 간 가치관 차이가 새로운 지식 사일로를 심화시키고 조직 내 갈등을 일으키며 이 문제를 더 복잡하게 만들고 있습니다.

게다가 리더의 나이가 의사결정 방식, 위험 감수 성향, 그리고 혁신에 대한 태도에 영향을 미칠 수 있습니다. 일반적으로 젊은 리더는 혁신적이고 위험을 감수하는 경향이 강하게 인식되는 반면, 나이 든 리더는 안정적이고 신뢰할 수 있는 것으로 여겨지지만, 은퇴가 가까워질수록 위험 회피 성향이 강해지거나 새로운 기술 학습에 더딘 것도 사실입니다.

조직 사일로를 극복하는 과정은 본질적으로 혁신, 위험 감수(예: 기존의 관행에 도전하고 새로운 시스템을 도입하는 것), 그리고 변화에 대한 높은 적응력을 요구합니다. 만약 고령의 리더들이 (특히 고령화 사회에서 리더십 포지션을 더 많이 차지하는 경향이 있을 때) 위험 회피적이거나 새로운 기술 도입에 소극적이라면, 이는 사일로를 허무는

데 필수적인 변화(예: 기술 통합, 유연한 조직 구조 도입)를 직접적으로 방해할 수 있습니다.

한편으로 빠르게 진행되는 인구 고령화는 많은 조직에서 숙련된 인력의 은퇴로 인한 막대한 양의 암묵적 지식 손실을 초래할 수 있습니다. 지식관리나 데이터 관리가 안 된 상황에서 고령 인력의 은퇴와 퇴사는 조직 내부에 새로운 '지식 사일로'를 생성하거나 기존의 사일로를 더 심화하는 결과를 낳을 수 있습니다. 즉, 특정 개인이나 부서에만 존재하던 핵심 정보가 퇴사와 함께 사라지면서, 해당 지식이 더 이상 접근 불가능해지거나 회사 내에서 단절되는 현상이 발생할 수 있습니다.

이러한 지식 유출이 지식 사일로를 악화시키는 것을 방지하기 위해 고령화된 인력들에 대해 단순히 업무 인수인계를 넘어, 고령 인력이 가진 암묵적인 지식과 경험을 체계적으로 다음 세대에 전수하는 방안도 적극적으로 모색되어야 합니다.

조직 사일로를 극복하는 것은 단순한 운영상의 효율성 증대 차원을 넘어, 기업의 지속 가능한 경쟁력과 장기적인 성패를 좌우하는 전략적 필수요소 imperative 입니다. 리더는 조직 전체의 비전과 목표를 명확하게 설정하고 이를 모든 구성원에게 효과적으로 전달해야 합니다. 또한, 부서 간의 협업과 팀워크의 중요성을 지속적으로 강조하며, 이를 가로막는 문화적, 구조적, 기술적 장벽을 선제적으로 제거하는 데 앞장서야 합니다. 리더의 행동과 태도는 조직 구성원들에게 강력한 모범이 되며, 협업 문화를 조성하고 내재화하는 데 결정적인 영향을 미칩니다.

특히, 인구 고령화가 심화하는 시대에는 다양한 세대의 인력이 한 조직 내에서 함께 일하게 됩니다. 이러한 다세대 인력 구성은 세대 간 가치관과 업무 방식의 차이를 초래할 수 있으며, 이는 새로운 형태의 사일로를 형성하거나 기존의 사일로를 더 심화시킬 수 있습니다. 따라서 리더는 이러한 세대 간 차이를 깊이 이해하고, 이를 효과적으로 통합하여 조직 전체의 공동 가치를 만들어내는 것이 중요한 책임으로 두드러집니다.

사일로는 어떻게 나타나고 있나요?

'사일로silo'라는 용어는 원래 곡물을 외부와 격리해 저장하는 높은 굴뚝 형태의 건물을 의미합니다. 경영 분야에서는 이러한 곡물 저장소의 비유를 빌려, 조직 내 부서 간에 존재하는 장벽이나 부서 이기주의를 표현하는 데 사용되기도 합니다. 이는 조직 구성원들이 주변 부서나 동료들과 협력하지 않고 각자의 업무 영역에 갇혀 독립적으로 운영되는 현상을 지칭하는 것이지요.

조직 사일로는 고립된 네트워크Isolated Networks의 주요 현상으로 간주하며, 다음과 같은 특징들을 통해 그 존재를 확인할 수 있습니다.

1 | 부서 간 정보 및 자원 공유 부족

각 부서가 자신만의 정보와 자원을 독자적으로 관리하며, 이에 따라 조직 내에 필요한 정보가 적시에 공유되지 않거나 심지어 왜곡될 수 있습니다. 부서들이 서로 경쟁하듯이 자원을 확보하고 보유하려는 경향이 두드러지게 나타납니다.

2 | 부서 중심의 목표 설정

조직 전체의 목표 달성보다는 각 부서 자체의 목표 달성을 최우선으로 삼는 경향이 강합니다. 이로 인해 부서 간 목표가 상충할 경우, 전체 조직의 효율성이 저하되는 결과를 초래합니다.

3 | 부서 간 의사소통의 단절

부서 간에 원활한 커뮤니케이션이 이루어지지 않아, 서로의 업무 방향이나 진행 상황을 알지 못하게 됩니다. 이는 중복된 업무나 비효율적인 업무 방식을 발생시키고, 중요한 통찰력이나 최신 정보가 누락되는 결과를 낳습니다.

4 | 조직 문화의 분절화

각 부서가 고유한 문화와 가치관을 형성하면서, 조직 전체 차원에서 일관된 문화나 가치를 공유하지 못하게 됩니다. 이는 조직의 일체감과 협력 의식을 약화하는 근본적인 원인이 됩니다.

5 | 낮은 직원 사기 및 소외감

사일로 현상은 팀과 부서 내에서 고립감을 심화시켜 직원들이 조직의 더 큰 목표나 미션에 대한 연결감을 덜 느끼게 만듭니다. 이러한 소외감은 궁극적으로 직원들의 사기를 저하하는 요인으로 작용합니다.

사일로 현상은 왜 생기나요

조직 사일로는 단일한 원인으로 발생하는 것이 아니라, 다양한 구조적, 문화적, 기술적 요인들이 복합적으로 작용하여 나타납니다.

1 | 구조적 원인

① **경직된 계층 구조 및 부서화**: 전통적인 기능 중심의 조직 구조는 부서 간에 물리적, 심리적 장벽을 자연스럽게 형성합니다. 의사결정이 중앙에 집중되고 수직적 소통만이 강조될 경우, 각 부서는 자신만의 영역에 갇히게 되어 사일로 현상이 심화합니다.

② **명확한 조직 구조의 부족**: 역설적으로, 때로는 조직 구조가 명확하지 않아 각 부서의 역할과 책임이 모호해질 때도 사일로가 악화할 수 있습니다.

2 | 문화적 원인

① **부서 이기주의 및 과도한 경쟁**: 개인 성과주의나 부서별 인센티브 제도와 같이 부서 간 과도한 경쟁을 유발하는 기업 문화는 부서 이기주의를 심화시키고, 정보 공유를 꺼리게 만드는 근본적인 원인이 됩니다.

② **정보 통제에 대한 두려움**: 자신이 가진 정보에 대한 통제권을 잃을까 하는 두려움은 개인이든 부서든 정보를 공유하지 않고 '사일로 사고방식'을 유지하게 만드는 요인으로 작용합니다.

③ **신뢰 부족**: 팀과 팀, 부서와 부서 간의 신뢰 부족은 협업을 저해하고 사일로를 고착하는 핵심적인 문화적 장벽입니다.

3 | 기술적 원인

① **오래되거나 호환되지 않는 기술 시스템**: 서로 다른 부서에서 통합되지 않은 다양한 소프트웨어, 도구, 시스템을 사용하는 경우, 데이터 불일치, 비효율성, 그리고 정보 공유의 어려움이 발

생하여 기술적 사일로를 형성합니다.

② **자동화의 역설**: 국내 생산 및 R&D 시설의 자동화 및 효율화 노력은 생산성을 높이는 긍정적인 효과가 있지만, 동시에 젊은 인력의 고용 기회를 줄여 고령화 현상을 가속할 수 있습니다. 이 과정에서 특정 기술이나 업무 지식이 소수의 인력에게만 집중되어 새로운 형태의 지식 사일로를 초래할 가능성이 있습니다.

사일로 현상은 조직이 커질수록, 기능이 세분화될수록 위험이 커집니다

조직 사일로는 기업의 다양한 측면에 걸쳐 심각한 부정적 영향을 미칩니다.

1 | 생산성 저하 및 비효율성

사일로로 인해 중복된 노력과 프로세스가 발생하고, 자원이 낭비되며, 비효율적인 업무 방식이 만연하여 전반적인 생산성이 저하됩니다. 특히, 고령화로 인한 인건비 상승과 맞물릴 경우, 이러한 비효율적인 구조는 기업의 재정적 부담을 가중할 수 있습니다.

2 | 혁신 및 창의성 억제

혁신은 다양한 관점과 아이디어의 결합에서 비롯됩니다. 그러나 사일로 환경에서는 이러한 결합이 어렵기 때문에 문제 해결에 대한 창의적 혁신이 저해되고, 획기적인 아이디어가 발현되기 어렵습니다.

3 | 의사결정 지연 및 왜곡

정보 공유의 부족은 중요한 의사결정을 지연시키거나, 단편적인 데이터에만 기반한 의사결정으로 이어져 잘못된 판단을 내릴 위험을 증가시킵니다. 이는 급변하는 시장 환경에 대한 기업의 대응력을 약화합니다.

4 | 고객 경험 문제

부서 간 협업 부족은 고객에게 단절되고 일관성 없는 경험을 제공하여 고객 불만을 야기하고 기업에 대한 부정적인 인식을 형성하게 합니다.

5 | 변화 관리의 어려움

각 부서가 자신들의 영역에 갇혀 변화에 저항하는 경향이 강해지면서, 새로운 전략이나 이니셔티브의 도입이 어려워집니다. 이는 조직의 민첩성과 적응력을 저해하여 시장 변화에 대한 대응 능력을 약화합니다.

6 | 인력 활용의 비효율성

특히 고령 인력의 경우, 조직 내에 만연한 연령차별주의적 선입견과 젊은 직원 중심의 조직 문화로 인해 그들이 가진 풍부한 업무 지식, 갈등 해소 능력, 사회적 결속력 강화와 같은 뛰어난 장점들이 제대로 인정받지 못하고 가치가 폄훼될 수 있습니다. 이는 귀중한 인적 자원의 비효율적인 활용을 초래하며, 세대 간 지식 이전의 어려움을 가중시켜 조직의 장기적인 역량 축적을 방해합니다.

조직 사일로를 효과적으로 극복하고 협업과 혁신을 촉진하기 위해서는 리더십이 주도하는 다각적이고 체계적인 전략과 구체적인 실천 방안이 필요합니다.

사일로는 지속적인 노력을 통해 극복될 수 있습니다

사일로는 단순히 구조적인 문제가 아니라 문화적인 뿌리가 깊습니다. 투명한 정보 공유와 팀워크를 조직 문화의 핵심 가치로 채택하고, 경직된 연공서열 문화를 타파하여 유연하고 포용적인 조직 구조를 구축해야 합니다.

1 | 리더십 교육을 통한 문화 변화 주도

관리자들이 사일로 사고방식을 식별하고 해결하는 데 필요한 기술을 갖추도록 리더십 교육을 제공하고, 협업 도구 및 전략, 갈등 해결, 통합된 기업 문화 조성에 중점을 둡니다.

2 | 심리적 안전감 조성

직원들이 비판이나 보복에 대한 두려움 없이 자기 생각과 의견을 자유롭게 말하고 공유할 수 있는 환경을 조성합니다. 이러한 심리적 안전감은 신뢰를 구축하고 혁신을 장려하는 기반이 됩니다.

3 | 연령 차별주의 극복 및 유연한 인사 제도 도입

나이가 아닌 리더십 역량에 기반하여 리더를 임명하고, 전문가 트랙 운영, 유연 근무제, 단계적 은퇴 기회 등 고령 인력의 풍부한 경험과 지혜를 효과적으로 활용할 수 있는 인사 제도를 기획합니다. 이는 세대 간 협력을 촉진하고 고령 인력의 가치를 인정하여 사일로를 완화하는 데 기여합니다.

4 | 피드백 메커니즘 구축

사일로와 관련된 문제 및 우려 사항을 해결하기 위한 정기적인 피드백 메커니즘을 구축하고, 익명 설문조사나 건의함 등을 통해 직원들이 자유롭게 의견을 표명하도록 독려합니다.

실천 방안

1 | 협업 및 프로젝트 관리 도구 도입

Slack, Microsoft Teams, Asana, Jira, Trello, Google Docs 등 실시간 커뮤니케이션, 문서 공유, 프로젝트 진행 상황 추적을 지원하는 통합된 도구를 활용하여 부서 간 정보 공유를 간소화합니다.

2 | 데이터 중앙화

모든 데이터를 하나의 중앙 저장소로 통합하여 모든 관련 책임자가 가장 정확하고 최신 정보에 쉽게 접근할 수 있도록 합니다.

이는 조직 전체의 협업과 의사결정의 질을 향상케 합니다.

3 | 레거시 시스템 제거 및 현대 기술 투자

오래된 기술과 제한적인 통합 기능을 가진 레거시 시스템은 사일로를 유발하는 주요 원인이므로, 이를 제거하고 현대적이고 통합된 솔루션에 전략적으로 투자하여 데이터 흐름과 접근성을 개선합니다.

특히 고령화 시대에는 숙련된 인력의 지식 손실을 방지하고, 세대 간 지식 이전을 활성화하는 것이 매우 중요합니다. 급변하는 인구 구조 속에서 고령 인력의 풍부한 지혜와 경험을 효과적으로 활용하고, 젊은 세대의 혁신적 사고를 결합하는 세대 간 협력 모델을 더 발전시켜야 합니다. 이를 위해 연령 차별주의를 극복하고, 유연한 근무 환경 및 맞춤형 경력 개발 기회를 제공하는 리더십의 역할이 중요합니다. 멘토링 및 역멘토링 제도 활성화, 핵심 지식의 체계적인 이전 시스템 구축은 조직의 지적 자산을 보존하고 강화하는 데 필수적입니다.

다양한 연령대의 리더십 팀을 구성함으로써 서로 다른 관점과 강점(젊은 리더의 에너지와 속도, 고령 리더의 지혜와 경험)을 균형 있게 활용하고, 조직 전체의 적응력을 높이는 전략적 접근이 필요합니다.

`장을 마치며`

당신은 '연결과 협업'의 진정한 가치를 알고 있습니까?

1. 우리 회사는 부서 간의 정보 공유가 원활하다고 생각하십니까? 혹시 중요한 정보가 특정 부서나 개인에 갇혀 '지식 사일로'가 심화되고 있지는 않나요?

2. 우리의 리더들은 새로운 기술 도입이나 혁신적인 변화에 대해 얼마나 개방적이라고 느끼십니까? 혹시 '위험 회피' 성향으로 인해 조직의 변화를 가로막고 있지는 않나요?

3. 우리 리더들은 세대 간의 가치관과 업무 방식 차이를 얼마나 이해하고 있습니까? 혹시 이러한 차이가 새로운 형태의 '세대 사일로'를 만들고 있지는 않나요?

4. 우리 회사의 리더들은 조직 전체의 목표와 비전을 명확히 제시하고, 부서 간 협업을 독려하기 위해 어떤 노력을 하고 있습니까?

5. 우리 회사의 리더들 사이에 부서 간의 불필요한 '사내 정치'나 '눈치 보기' 문화가 만연해 있다고 느끼십니까?

6장

자고나면 세상은 변하고 적응은 힘들고

:

디지털 전환

고령화 시대에 접어들면서, 기업들은 숙련된 시니어 인력을 단순히 관리자나 고문 역할에 한정하지 않고, 이들의 풍부한 경험과 노하우를 기업의 새로운 경쟁력으로 전환하려는 노력을 기울일 필요가 있습니다. 또한, 재교육$^{Re\text{-}skilling}$과 직무 다양화를 통해 고령화된 인력의 기존 경험과 신기술 역량을 접목하여 기업에 시너지를 창출하려는 노력도 필요합니다.

과거에 성공을 단순히 관리자 직급 상승으로 정의하는 순수 수직적 경력 '사다리'에서 벗어나, 수평적, 대각선적, 또는 특정 전문 분야 내에서 깊이 있는 성장이 가능한 보다 유연한 '격자형^{Lattice}' 경력 경로로의 전환이 이루어져야 합니다. 고령화 사회에서는 관리직 포지션이 제한적이며, 많은 숙련된 인재가 관리자 역할을 원하지 않을 수 있으므로, 전문가 트랙 제공은 모든 연령대의 인재를 유지하고 동기를 부여하는 데 필수적입니다. 이는 전통적인 계층적 승진을 넘어 '성공'의 정의를 재정의하며, 개인이 관리직으로 강요되지 않고도 깊은 전문성을 추구하고 가치를 기여할 수 있도록 해야 합니다. 이러한 경력 철학의 변화는 새로운 리더십 개발 접근 방식을 요구합니다. 단순히 일반 관리자를 육성하는 것을 넘어, 전문화된 리더십(예: 기술 리더십, 사고 리더십)을 함양하고, 공식적인 계층적 권한과 무관하게 프로젝트를 이끌거나 기능 간에 영향력을 행사하는 리더를 육성해야 합니다.

또한 리더들의 고령화가 지속적인 역량 향상을 수반하지 않는다면 기술 변화가 빠른 지금의 경영 환경에서는 환경에 대해 적응하지 못하는 리더십 위기가 발생할 수밖에 없습니다. 따라서 리더와 직원들이 지속적으로 새로운 지식과 기술을 습득하고 역량을 강화하는 것이 필수적입니다.

세상의 변화는 모두를 불안하게 합니다

여러 거시적 트렌드가 동시에 작용하면서 전통적인 리더십 접근법이 더 이상 유효하지 않은 환경, 즉 일종의 '퍼펙트 스톰'이 조성되고 있습니다. 전통적으로 비즈니스 환경의 복잡성과 불확실성을 설명하는 데 사용되어 온 VUCA$^{Volatility,\ Uncertainty,\ Complexity,\ Ambiguity}$ 프레임워크는 1990년대 미국 육군에 의해 개발되었습니다. 이 모델은 급격한 변화^{Volatility}, 예측 불가능성^{Uncertainty}, 상호 연결성^{Complexity}, 그리고 사건 해석의 어려움^{Ambiguity}과 같은 외부 요인에 초점을 맞춰 혼란스럽고 예외적인 상황을 설명하는 데 활용되었습니다.

그러나 2018년 미래학자 자메이 카시오^{Jamais Cascio}는 VUCA가 더 이상 현대 세계의 현실을 충분히 포착하지 못한다고 판단하여 BANI^{Brittle, Anxious, Non-linear, Incomprehensible} 모델을 제시했습니다. VUCA가 외부에서 발생하는 일에 초점을 맞추었지만, BANI는 외부 환경이 우리 내부 역량에 미치는 영향과 우리가 어떻게 반응하는지에 집중합니다. 시스템이 본질적으로 취약하고, 인간의 반응이 불안하며, 인과관계가 모호하고, 이해가 종종 불가능한 세상입니다. 이는 조직 설계와 리더십에 대한 근본적인 재평가를 요구하며, 단순한 적응을 넘어 내재한 회복탄력성과 의미 부여 역량을 구축해야 함을 의미합니다.

인공지능의 부상은 리더의 역할을 근본적으로 재정의하고 있습니다. AI가 분석적이고 반복적인 업무를 대체해 나가고 있습니다. AI는 비즈니스 업무의 최대 70%를 자동화할 잠재력을 가지고 있으며, AI는 단순 반복 작업을 넘어 인지 기능을 자동화하여 소프트웨어가 적응하고, 계획하고, 안내하며, 심지어 의사결정까지 내릴 수 있도록 함으로써 중간관리자의 역할에 대해 근본적인 의문을 제기하고 있습니다. 챗GPT 출시 2년 만에 주간 사용자 3억 명을 돌파하고 세계 500대 기업의 90% 이상이 OpenAI사 기술을 활용하는 등 AI 기술의 확산 속도는 전례 없이 빠릅니다.

AI 기술이 빠르게 발전함에 따라 지속적인 학습과 실험을 장려하는 문화를 조성해야 합니다. 이는 리더 스스로 AI 지식을 강화하고 기술을 직접 경험함으로써 직원들이 AI를 시험하고 학습하도록 독려하는 모범을 보이는 것을 포함합니다. 미래는 완벽함보다는 적응력을 보상할 것이므로, 리더는 끊임없이 학습하고, 명확하게 사고하며, 의도적으로 이끌어가는 능력을 갖추어야 합니다.

그러나 많은 HR 리더는 관리자의 74%가 변화를 이끌 준비가 되어 있지 않고, 직원의 73%가 변화 피로도를 느끼고 있다고 우려합니다. 이러한 변화 피로도는 조직 몰입도, 근속 의향, 심리적 안전감 저하로 이어져 주요 과제 실패 위험을 증가시킵니다. 따라서 리더는 단순히 변화를 '관리'하는 것을 넘어, 변화에 대한 '숙달 change mastery'을 목표로 조직을 선제적으로 준비시켜야 합니다.

'기술의 반감기가 줄어들고 있다'는 것은 기존 지식이 빠르게 쓸모없어짐을 의미합니다. BANI 세계에서 학습 민첩성과 지속적인 학습은 단순한 훈련 이니셔티브가 아니라 '궁극적인 경쟁 우위'이자 핵심 전략 역량입니다. '새로운 상황이나 문제 해결에 지식을 습득하고 적용하는 능력'은 비선형성과 비가해성을 헤쳐 나가는 주요 메커니즘이 됩니다. 이는 조직 문화가 '아는' 조직에서 '학습하는' 조직으로 근본적으로 전환되어야 함을 의미하며, 호기심,

실험, 빠른 기술 개발이 모든 수준에서 장려되어야 합니다. 또한 인재 관리가 '유동적 인재'와 'T자형 전문가'를 우선시하여 역동적인 환경에서 지식을 적응하고 교차 활용할 수 있도록 해야 함을 시사합니다.

세상의 변화는
리더의 역할을 바꾸고 있습니다

전통적인 리더십은 반응적인 사고방식, 변화에 대한 저항, 그리고 창의성 억제로 특징지어집니다. 이러한 특성은 BANI 세계의 역동적이고 예측 불가능한 특성 및 디지털 전환의 빠른 요구와 직접적으로 충돌합니다. 계층적 구조는 의사 결정 병목 현상과 비몰입을 초래하며, 약점과 개인적인 성과에 대한 강조는 두려움의 문화를 조성하고 사기를 저하시키며, 직원들이 위험을 감수하거나 아이디어를 공유하거나 혁신할 가능성을 낮춥니다. 이는 부정적인 피드백 루프를 생성합니다. 즉, 전통적인 리더십의 한계가 새로운 시대의 도전 과제들을 더 악화시키고, 궁극적으로 조직의 정체 및 경쟁 실패 또는 생존 실패로 이어집니다. 이러한 환경은 리더들에게 과거와는 비교할 수 없는 수준의 적응력과 유연성을 요구하고 새로운 역할 모델을 요구하고 있습니다.

예를 들어 명확한 기준이 있다면 성과 평가와 같은 민감한 영역에서도 인간보다 더 높은 신뢰도를 보여주고 있습니다. 이는 과업 관리자와 평가자로서 리더의 전통적인 역할을 축소할 것입니다. 갈수록 리더는 AI가 할 수 없는 영역에서 탁월함을 보여야 합니다.

한국의 빨리빨리 문화는 환경 변화에 서둘러 대응하려다 오히려 곤경에 처하는 경우가 많습니다. 준비, 선택, 실행을 동시에 해 나가는 습성이 있으며, 직관에 의존하는 리더들은 객관적인 검증이나 데이터에 기반하지 않은 채 논리적 비약이나 막연한 추론에 의존해서 대응합니다. 판단의 근거는 조직 내부에서의 오랜 경험에 기초합니다. 이로 인해 한국의 리더는 정보에 약하고 대응 전략이 없으며 내부 지향적 태도를 보입니다. 과거의 성공 습관(예: "빠른 것이 좋다"는 사고, 지배적 리더십)이 급변하는 기술 환경에서 장애물이 되어, 새로운 접근 방식에 대한 저항을 일으키고 필요한 적응을 방해합니다. '변화에 둔감한' 낡은 리더들은 미래가 아닌 과거의 성공 신화에만 시선을 고정한 채, 낡은 성공 공식을 새로운 문제에 기계적으로 적용하려 합니다. 이러한 성향은 실패에 대한 두려움과 맞물려 새로운 시도보다는 현상 유지에 안주하는 '위험 회피형' 행태로 나타나며, 이는 역설적으로 실패를 자초하는 결과를 낳습니다.

한국의 리더들은 직관에 의존하던 낡은 습관을 버리고 엄격한 데이터 기반 의사결정 체계를 갖추어야 합니다. 동시에, 안정된 팀을 관리하던 방식에서 벗어나 긱 이코노미 시대에 맞춰 내외부의 유동적인 인재 네트워크를 이끄는 리더로 진화해야 합니다.

데이터 기반 의사결정Data-Driven Decision-Making, DDDM은 직관이 아닌 데이터 분석을 통해 의사결정의 질을 높이는 프로세스입니다. 이는 추정이 아닌 검증된 사실에 기반하기에 결정의 신뢰도를 높이고 조직 구성원의 동의를 얻는 데 유리합니다. 성공적인 데이터 기반 리더는 조직 내에 데이터를 공통의 언어로 사용하는 '데이터 문화'를 조성하며, 이를 통해 새로운 기회를 포착하고 리스크를 관리하며 운영 효율성을 극대화합니다. 넷플릭스가 데이터를 활용해 콘텐츠를 추천하고 제작하는 것이나, 아마존이 물류 및 가격 책정에 데이터를 활용하는 것이 대표적인 성공 사례입니다.

한편, 프리랜서나 단기 계약직 활용이 보편화되는 '긱 이코노미'의 부상은 리더십에 또 다른 변화를 요구합니다. 리더의 역할은 정규직 직원을 관리하는 것에서 유연한 인재 네트워크를 조율하는 것으로 확장되어야 합니다. 기술 변화 속도가 빠를수록 내부화로는 대응할 수 없는 생산, 상품 개발 등의 네트워크화, 해고 요건 완화 없는 정년연장으로 인한 정규직 채용 기피 등은 전통적인 정규직 모델로는 대응할 수 없게 됩니다. 전통적인 의미로 조직 충성심이 없는 '긱 워커'들에게 동기를 부여하고 공동의 목표를 향해 나아가게 하기 위해서는, 지시와 통제에 기반한 위계적 리더십이 아닌 영향력과 공유된 목적에 기반한 '네트워크 리더십'이 필수적입니다.

데이터 기반 리더십과 긱 이코노미에 대한 준비는 '업무와 지능의 분산화'라는 동일한 시대적 흐름의 두 가지 측면입니다. 데이터는 리더 개인의 직관에 집중되어 있던 지능을 조직 전체로 분산시키고, 긱 이코노미는 전통적인 팀에 고정되어 있던 업무를 외부 네트워크로 분산시킵니다. 두 변화 모두 리더에게 지시자가 아닌, 촉진자이자 통합자의 역할을 요구합니다. 전통적인 위계 구조에서 리더는 중앙 처리 장치(CPU)처럼 경험(데이터)을 독점하고 자원(팀)을 통제했으나 나날이 데이터는 조직 내외부에 분산되어 있고, 인재는 필요에 따라 유입되고 유출되는 유동적인 자원이 될 겁니다. 이제 리더의 핵심 역할은 모든 답을 알고 모든 자원을 소유하는 것이 아니라, 최적의 데이터와 최적의 인재가 적시에 연결되어 문제를 해결할 수 있는 '시스템을 구축하고 관리'하는 것입니다. 이러한 변화에 적응하지 못하고 과거의 리더십 모델을 고수하는 기업은, 분산된 지능과 인재를 훨씬 효과적으로 활용하는 민첩한 네트워크형 경쟁자들에게 도태될 수밖에 없을 것입니다.

AI 통합 과정에서는 데이터 편향, 프라이버시 침해, 알고리즘 공정성 등 윤리적 문제가 필연적으로 발생합니다. AI 시스템이 사회적 책임과 인권 보호 원칙을 일관되게 준수하도록 관리하는 것이 중요합니다. 따라서 리더는 AI 윤리에 대한 깊은 이해와 책임감을 가지고 투명하고 책임감 있는 문제 해결을 통해 조직 내 신뢰를 구축해야 합니다. 윤리적 리더의 역할은 리더 개인의 행동뿐만 아니라, 리더가 대인 관계에서 규범을 지키고 조직 구성원들이 윤리적인 의사결정을 하도록 장려하고 유도하는 리더십을 의미합니다. 윤리적 성실성, 윤리적 자각과 행동의 일치, 그리고 윤리적 동기 부여가 핵심 요소입니다. 윤리적 리더는 항상 공정하고, 모든 조직원을 동등하게 대우하며, 타인을 존중하고, 정직하며, 인간적인 면모를 보여야 합니다. 또한, 팀 빌딩에 집중하고 가치 주도적인 의사결정을 하며, 모범을 보이고, 윤리적 위반에 대해 무관용 원칙을 적용해야 합니다.

비전과 윤리는 혼란스러운 시대에 조직의 신뢰를 확보하는 상호 의존적인 기둥입니다. 비전은 조직에 방향성을 제시하고 동기를 부여하지만, 그 비전이 윤리적 원칙과 투명성에 기반하지 않으면 구성원과 이해관계자의 신뢰를 얻기 어렵습니다. 특히 AI와 같은 파괴적인 기술이 도입될 때, 리더는 조직이 나아갈 방향을 명확히 제시함과 동시에, 그 과정이 공정하고 책임감 있으며 인간 중심적이라는 확신을 주어야 합니다. 이는 장기적인 조직의 성공과 사회적 정당성을 확보하는 데 필수적인 요소입니다. 비전형 리더십은 구성원들이 리더를 따르고 싶게 만드는 리더십으로, 명확하고 단정적인 판단을 내리면서도 조직이 나아갈 방향과 지향해야 할 비전을 확실히 제시합니다. 비전형 리더는 쓸데없이 지위나 권력을 내세우지 않고, 목표 달성을 위한 방법에 있어서 독단적인 태도를 보이지 않으며, 부하직원의 좋은 의견에 귀 기울이고 공정함과 유연성을 갖추려 노력합니다. 이러한 리더십은 구성원들에게 열정적으로 일할 동기를 부여하고 조직이 하나의 목표를 향해 효율적으로 움직이도록 합니다. 오지 않은 미래는 불확실하고 새로운 시스템이나 혁신은 결과를 알 수 없습니다. 보이지 않는 미래의 불확실함을 모두가 공유할 수 있는 언어로 개념화하는 비전제시자의 역할은 변화의 한가운데 등대가 되어줄 것입니다.

왜 리더십 교육은 실패할까요?

한국 기업들은 리더십 개발 교육에 막대한 비용과 시간을 투자하고 있지만, 이러한 프로그램들은 대부분 의미 있는 변화를 창출하는 데 실패하고 있습니다. 그 근본적인 이유는 교육이 개인의 역량 개발에만 초점을 맞출 뿐, 새롭게 학습한 행동을 가로막는 강력한 조직 시스템과 문화를 간과하기 때문이라고 생각합니다.

'변화에 대한 저항'과 '실행력 부족'은 별개의 문제가 아니라 인과적으로 연결되어 있습니다. 변화를 거부하는 문화는 새로운 전략의 실행을 조직적으로 방해하고, 혁신적인 전략을 실행하기 위해서는 부서 간의 긴밀한 협업, 리스크를 감수하는 태도, 새로운 업무 방식의 도입이 필수적이지만, 경직되고 과거 지향적인 문화는 이 모든 것을 가로막습니다. 이와 더불어 '실행력 결여'는 리더십 실패의 또 다른 치명적인 요인입니다. 리더십의 본질은 훌륭한 전략을 수립하는 것을 넘어, 조직 구성원들을 움직여 실제로 결과를 만들어내야 하지만 실행력이 부족한 리더는 적시에 과감한 의사결정을 내리지 못해 눈앞의 기회를 놓치거나 계속 회의만 합니다.

때로는 리더의 '실행력 부족'은 개인의 역량 문제라기보다, 변화를 거부하는 조직의 면역 체계가 새로운 전략을 이물질로 간주하고 거부하는 시스템적 결과물에 가깝기도 합니다. 리스크를 회피하는 문화 속에서 잠재적 실패의 정치적 비용이 너무 크기 때문에 의사결정은 지연될 수밖에 없습니다.

전 세계적으로 기업들은 리더십 교육에 수천억 달러를 쏟아붓지만, 교육 참가자들이 원래의 업무 환경으로 돌아가면 금세 과거의 행동 방식으로 회귀하기 때문에 투자 대비 효과는 미미합니다. 대부분 집중적인 리더십 교육을 하면, 참가자들은 교육 자체에는 매우 만족했지만, 몇 년 후 실제 행동 변화는 거의 없었다고 응답합니다. 그들은 상명하달식의 리더, 정치적으로 민감한 분위기, 부서 간 갈등과 같은 조직적 장애물 때문에 교육에서 배운 팀워크나 협업 방식을 현업에 적용하는 것이 '불가능'했다고 토로합니다.

다양한 리더십 프로그램이 운영되고 있지만, 그 효과성은 의문입니다. 많은 교육이 "더 큰 목소리로 말하라"와 같은 피상적인 스킬에 치중할 뿐, 리더의 근본적인 마음가짐을 바꾸지는 못하기도 합니다. 〈포춘〉 500대 기업 직원의 85%가 리더십 교육이 실제 업무에 도움이 되지 않는다고 응답한 조사 결과는 리더십 교육프로그램의 실패를 의미합니다.

실패한 리더십 프로그램은 단순히 낭비된 자원에 그치지 않습니다. 교육을 통해 협력적이고 개방적인 리더가 되라고 가르쳐 놓고, 막상 현장에서 그러한 행동을 했을 때 불이익을 준다면, 이는 그 조직의 실제 가치 체계가 통제와 위계에 기반하고 있음을 명백히 증명하는 것입니다. 교육받은 리더는 '올바른' 리더십 행동과 조직에서 '보상받는' 리더십 행동 사이에서 인지 부조화를 겪게 되고, 결국 시스템의 암묵적인 규칙에 순응하는 합리적인 선택을 하게 됩니다. 따라서 리더십 교육만으로 문제를 해결하려 해서는 안됩니다. 최고 경영진이 먼저 원하는 리더십 행동의 모범을 보이고, 성과 관리 및 승진 시스템이 이를 보상하도록 재설계되어야 합니다. 그래야만 교육이 시스템에 맞서는 헛된 싸움이 아니라, 변화를 가속하는 강력한 도구가 될 수 있습니다. 또한 영웅 리더십에 초점을 맞추어서는 안됩니다. 모두가 스티브 잡스가 될 수도 없을뿐더러 게임이나 경영의 규칙이 계속 변하는 세상에서 정답을 찾는 교육은 지양되어야 합니다.

리더에게는
어떤 역량을 강화해야 할까요?

빠르게 변화하는 기술 환경 속에서 리더는 디지털 도구와 인공지능 활용에 대한 전문성을 필수적으로 개발해야 합니다. 디지털 전환 리더십 교육은 전략적 사고, 변화 관리, 비즈니스 관계 관리, 고급 분석, 시장 분석, 애자일 방법론, 디지털 이니셔티브 계획, 변혁 프레임워크 등의 핵심 역량을 포함하는 추세입니다.

리더는 코딩 능력까지 갖출 필요는 없지만, AI가 무엇을 할 수 있고 없는지, 그리고 이를 어떻게 전략적이고 윤리적으로 적용할지에 대한 근본적인 이해, 즉 'AI 리터러시 AI Literacy'를 반드시 갖추어야 합니다.

정보가 민주화되고 성과가 투명하게 측정되는 환경에서, 단순히 직급에 의존해 권위를 내세우는 리더는 설 자리를 잃게 될 겁니다. 리더의 권력은 더 이상 위계적 위치에서 나오는 것이 아니라, 사람들을 연결하고 영감을 주며 영향력을 발휘하는 소프트 스킬에서 비롯될 것입니다. 리더의 가치는 인간과 AI가 효과적으로 협력하는 문화를 얼마나 잘 조성하는가로 측정될 것입니다. 리더는 디지털 리터러시 및 데이터 분석과 같은 '하드 스킬'뿐만 아니라, 공감, 윤리적 인식, 변화 관리와 같은 '소프트 스킬'을 모두 갖춰야 합니다. 이를 통해 팀이 디지털 혼란을 겪는 동안에도 인력을 소외시키거나 비인간화하지 않고 효과적으로 이끌 수 있습니다.

이러한 이중적인 요구사항은 디지털 시대의 리더십 개발을 특히 복잡하게 만들며, 기술적 역량과 인간 중심적 역량을 통합하는 프로그램을 요구합니다. 기술 구현에 있어 인간 중심적 고려(예: 직원 웰빙, 윤리적 사용)를 소홀히 하면, 기술 자체는 훌륭하더라도 저항, 몰입도 저하, 궁극적으로 디지털 전환 이니셔티브의 실패로 이어질 수 있을 것입니다.

또한 급변하는 기술적, 경제적 변화는 리더에게 전례 없는 수준의 민첩성과 적응력을 요구합니다. 이는 예측 불가능한 장애물을 예측하고, 급변하는 시장 변동에 신속하게 적응하며, 우선순위를 실시간으로 조정하고, 팀원들과의 명확한 의사소통을 유지하는 능력을 포함합니다. 특히 애자일 방법론은 반복적인 프로젝트 관리 및 개발 방식을 통해 유연성과 협업을 강화하며, 기술 스타트업이나 애자일 방법론을 채택하는 조직에서 신속한 반복과 유연성을 촉진하는 데 매우 효과적일 것입니다. 리더십 개발 프로그램은 이러한 민첩성을 함양하기 위해 실제 비즈니스 문제를 해결하는 '리더십 실험실'과 같은 실전 경험을 제공하고, 변화에 능숙하게 대응할 수 있는 역량을 길러야 합니다.

실제 고령화에 대응하기 위한 전략으로 시스코, 유니레버, 화이자 등 주요 기업들은 계속 고용을 위한 업스킬링$^{\text{up-skill}}$ 및 리스킬링$^{\text{re-skill}}$ 시스템을 도입하고 적극적으로 활용하고 있습니다. 일본의 소프트뱅크는 2021년부터 AI 및 디지털 기술 교육을 의무화하여 전사적인 디지털 역량 강화를 추진하고 있으며, 이는 리더십 개발에도 중요한 시사점을 제공합니다. 리더십 개발 프로그램 또한 다양한 경력 단계의 직원들에게 매력적인 교육 프로그램을 제공하여 젊은 직원과 고령 직원 모두가 변화하는 환경 속에서 경쟁력을 유지하고 조직에 지속적으로 참여할 수 있도록 유도해야 합니다.

장을 마치며

당신은 미래형 리더십을 준비하고 있습니까?

1. 우리 회사는 숙련된 시니어 인력의 풍부한 경험을 디지털 시대의 새로운 경쟁력으로 전환하기 위한 노력을 하고 있습니까?

2. 우리 리더들은 VUCA를 넘어 BANI 시대의 '취약하고 불안하며 이해하기 어려운' 세상을 이해하고, 조직의 회복탄력성을 구축하려 노력하고 있습니까?

3. 우리 회사의 리더들은 AI 리터러시를 갖추고 'AI가 할 수 없는 영역'에서 탁월함을 보이기 위해 노력하고 있습니까?

4. 우리는 획일화되고 이론 중심적인 '실패한 리더십 교육'의 악순환을 끊고, 학습한 내용이 현업에서 실제 행동 변화로 이어질 수 있도록 시스템을 재설계하고 있습니까?

5. 우리 리더들은 '전통적인 정규직 모델'을 넘어 긱 이코노미 시대에 맞춰 유동적인 인재 네트워크를 이끄는 '네트워크 리더십'을 준비하고 있습니까?

7장

고령화 시대에 리더를 어떻게 준비하고 선발할까요

관리를 잘하는 것보다 위기를 예방하는 HR이 되어야 합니다.

지금까지 고령화와 디지털 변환이 리더십 측면에서 많은 위기를 가져오고 있으며, 연공주의의 패러다임은 이러한 위기를 더 심화시킨다는 점을 살펴보았습니다.

즉, 한국 사회에서는 '꼰대 문화', 직장 내 민주주의 부재, 경제적 불평등, 그리고 군대식 문화가 결합해 세대 갈등이 더 심화하는 양상을 보입니다. 또한 AI와 자동화 기술의 발전은 리더십에 대한 기대치와 역할을 전례 없이 높이고 있습니다. 이러한 변화 속에서 리더는 단순히 경험과 연차에 기반한 지시를 넘어, 다양한 구성원의 역량을 통합하고, 변화를 주도하며, 혁신을 끌어낼 수 있는 새로운 역량을 요구받고 있습니다.

AI의 영향력 증가는 단순히 기술적 역량의 변화를 넘어, 리더십의 본질적인 역할 변화를 요구합니다. AI는 데이터 처리 및 분석을 통해 의사결정을 지원하고 효율성을 높이지만, 감성 지능과 공감 능력은 여전히 인간 리더의 고유한 영역으로 남아있습니다. 이는 연공주의가 강조하는 '경험적 지식'의 가치를 넘어서 '인간적 연결'과 '윤리적 리더십'의 중요성을 부각하며, 리더 선발 기준의 근본적인 재정의가 필요함을 시사합니다. 즉, 빠른 실행력과 변화 적응 능력을 요구하면서도, 실제 리더 선발은 과거의 틀에 갇혀 미래 지향적 리더십 역량을 발굴하지 못하는 딜레마에 빠질 수 있습니다.

이런 측면에서 변동성이 극심한 환경에서는 HR은 조직 내에 잠재된 시스템적 리스크(예: 확산되고 있는 리더십 위기)를 가장 먼저 진단하고, 그것이 비즈니스에 미치는 영향을 해석하며, 필요한 문화적, 구조적 대응책을 설계하는 기능을 수행해야 합니다. HR은 직원 몰입도, 이직률, 성과, 피드백 등 다양한 데이터를 종합적으로 분석함으로써, 리더십 위기가 폭발하기 전에 그 징후를 포착해야 하는 위치에 있습니다. 따라서 HR의 전략적 가치는 단순히 급여를 지급하고, 채용하는 인사제도를 관리하고 실행하는 데 있는 것이 아니라, 조직이 선제적으로 행동할 수 있도록 정밀한 진단 정보를 제공하는 데 있다고 봅니다.

리더십 위기를 근본적으로 예방하기 위해서는 문제 발생 후 대응하는 것만으로는 부족합니다. 건강하고 회복탄력성 있는 리더십 생태계를 처음부터 설계하는 장기적이고 선제적인 HR 전략이 필요합니다. 이는 인재 파이프라인 재설계, 다양한 평가 도구의 활용, 자아 성찰과 직원 경험을 강화할 수 있는 리더 개발이라는 세 가지 핵심 축으로 구성될 수 있습니다.

인재 파이프라인을 재설계해야 합니다: 선발에서 승계까지

고령화에 따른 리더십 문제의 가장 근본적인 해결책은 애초에 '올바른 사람'을 리더의 자리에 앉히는 것입니다. 연공주의에 따른 준비되지 않은 리더를 더 이상 양산해서는 안 됩니다. 이를 위해 HR은 리더를 선발하고 육성하는 전체 파이프라인을 정밀하게 재설계해야 합니다.

1 | 과학적 선발 시스템 구축

전통적인 인터뷰 방식에서 벗어나, MBTI, DiSC, Hogan Assessment와 같은 성격 및 인성 진단 도구와 360도 다면 피드백을 포함한 과학적 평가 도구를 적극 활용해야 합니다. 특히 승진 후의 가상 상황에서의 대응을 객관적으로 확인할 수 있는 AC$^{\text{Acessment Center}}$를 적극적으로 활용하여 예측 타당도를 높여야 합니다. HR은 이러한 진단 결과를 바탕으로, 조직의 특성과 직무 요구사항을 반영한 맞춤형 역량 모델을 사전에 정의하고, 후보자의 리더십 스타일과 잠재력이 이 모델에 부합하는지를 객관적으로 평가해야 합니다. 이는 '느낌'에 의존하는 선발에서 '데이터'에 기반한 선발로의 전환을 의미합니다.

2 | 체계적인 승계 계획 Succession Planning 운영

조직의 핵심 직무를 정의하고, 해당 직무를 수행할 수 있는 내부 핵심 인재 풀Talent Pool을 사전에 구축하고 관리해야 합니다. 이는 단순히 비상 상황에 대비한 명단을 만드는 것이 아니라, 잠재적 리더들에게 도전적인 과제(예: 전략 TF 참여)를 부여하고, 고위 리더와의 멘토링을 통해 체계적으로 육성하는 지속적인 프로세스여야 합니다. 이러한 승계 프로그램은 연공주의와 직무 주의가 혼재하는 상황에서 세대를 아우르는 잠재군 관리와 언보싱에도 불구하고 후보로 선발되어 자격을 검증하는 과정에서 후보들에게 자긍심을 고취하는 효과까지 기대할 수 있을 것입니다. 또한 승계 계획은 단순히 리스크를 관리하는 수단을 넘어, 조직의 문화를 다음 세대로 전달하고 변혁시키는 강력한 도구가 될 수 있습니다. HR이 차세대 리더의 조건으로 공감 능력, 코칭 역량 등 새로운 리더십 역량을 명시하고, 이러한 기준을 충족하는 인재를 '승계 후보자'로 공식 인정한다면, 이는 조직 전체에 "우리 조직에서 성공하는 데 필요한 자질은 이것이다"라는 강력한 신호를 보내게 됩니다. 야심 있는 직원들은 승계 후보자로 선정된 이들의 행동을 모방하게 될 것이고, 이는 리더십 문화의 긍정적 변화를 위에서부터 아래로 가속하는 파급 효과를 만들어 내기도 할 겁니다.

리더의 개발 로드맵을 바꾸어야 합니다

새로운 시대가 요구하는 리더를 육성하기 위해서는 리더십 개발 프로그램의 내용과 구조를 완전히 현대화할 필요가 있습니다.

1 | 핵심 역량 중심의 교육

리더십 교육은 이제 새로운 필수 역량에 집중해야 합니다. 여기에는 적극적 경청, 명확한 메시지 전달, 스토리텔링을 포함하는 '효과적인 의사소통', 권한 위임과 성과 관리를 아우르는 '팀 관리', 리스크 분석과 통찰력 기반의 '전략적 의사결정', 변화에 대한 저항을 관리하는 '변화 관리', 그리고 가장 중요하게는 구성원의 성장을 돕는 '코칭 및 피드백' 역량이 포함되어야 합니다.

2 | 구조화된 개발 경로 제공

HR은 리더들을 위한 체계적인 3단계 개발 로드맵을 설계하고 지원해 주어야 합니다.

- **1단계: 자기 인식 및 진단**에서는 다양한 진단 도구를 통해 자신의 리더십 스타일과 강점, 약점을 객관적으로 파악하게 합니다. 특히 실제와 유사한 상황에서 행동 발현을 시키고 이를 촬영하여 자기를 객관화하도록 해주는 DC$^{Development\ Center}$를 통해 자신에 대한 거울 보기를 지원해 줄 필요가 있습니다.
- **2단계: 피드백 및 코칭**에서는 정기적인 일대일 면담과 워크숍을 통해 피드백을 일상적인 학습 문화로 정착시킵니다.
- **3단계: 목표 설정 및 실행**에서는 리더십 개발 목표를 KPI나 OKR과 같은 실질적인 비즈니스 성과와 연계하여 책임감을 부여하고 실행력을 높입니다.

3 | MZ세대 리더십 코칭

리더들이 MZ세대를 효과적으로 이끌 수 있도록 특화된 교육이 필요합니다. 이는 일방적인 지시에서 쌍방향 코칭으로의 전환, 개인의 성장을 지원하기 위한 정기적인 일대일 면담 진행, 리버스 멘토링을 포함한 성장 기회 제공, 그리고 그들의 자율성을 존중하는 관리 방식을 체득하는 것을 포함해야 합니다.

4 | 전문가 트랙의 체계적 운영

관리자 트랙 외에 산업 전문가, 네트워크 전문가, 글로벌 전문가 등 다양한 '전문가 트랙'을 마련하여 구성원들이 나이나 직급에 상관없이 자신에게 맞는 성장 경로를 선택할 수 있도록 지원해야 합니다.

5 | 개인 맞춤형 학습 경로 및 실전 경험 제공

일률적인 리더십 교육에서 벗어나 개인의 역할과 성장 궤적에 맞춰 기술적, 전략적, 대인 관계 역량을 혼합한 맞춤형 개발 계획을 수립해야 한다. '역량 개발센터^{DC}를 통해 실제와 유사한 상황을 해결해 가는 과정에서 실제 비즈니스 문제를 해결하며 리더십 역량을 개발하고, 의미 있는 결과가 따르는 시나리오에서 새로운 역량을 연습할 수 있는 저위험 환경을 제공해야 합니다.

6 | 지속적인 피드백 및 성과 측정

리더십 개발은 일회성 이벤트가 아닌 지속적인 과정이어야 합니다. 정기적인 워크숍, 피드백 루프, 기술을 개선할 기회를 포함하는 지속적인 학습 주기를 운영해야 합니다. 360도 평가를 활용하여 강점과 성장 영역을 분석하고, 실시간 성과 평가 및 1:1 세션을 통해 학습을 강화하고 필요한 역량을 함양해야 합니다. 지속적인 학습 생태계로 전환하지 못하면, 리더십 개발 프로그램은 고립된 이벤트에 머물러 끊임없는 시장 혼란에 대처하고 조직 민첩성을 촉진할 수 있는 리더를 양성하는 데 실패하여, 리더십 역량과 조직의 필요성 간의 지속적인 간극을 초래할 것입니다.

승진 개념을 보상에서 선발로 바꾸어야 합니다

과거 한국 기업은 승진을 열심히 일한 직원에 대한 '보상'으로 여기는 경향이 강했습니다. 그러나 이는 현 직급에서 뛰어난 성과를 낸 직원이 다음 직급(예: 관리자)에서도 반드시 성공적인 역할을 수행하리라는 보장이 없다는 문제점을 낳았습니다. 이제는 승진을 '보상'이 아닌 '선발'의 관점에서 접근하여, 해당 직무(예: 팀장) 수행에 필요한 역량을 가진 사람을 승진시키는 것이 바람직합니다. 이를 위해 직무의 성과 책임을 명확히 규명하고, 역량 기반의 승진자 결정, 그리고 협업 문화를 촉진하기 위한 동료 평가 반영 등의 방안이 모색되어야 합니다.

보상이 연공서열에 묶여 있다면, 고령 인력은 현재 기여도와 무관하게 비용 부담이 커질 겁니다. 이는 기업이 이들을 유지하거나 젊은 인재를 채용하는 것을 주저하게 만들고, 결과적으로 '깔때기형' 인력 구조와 세대 간 갈등을 심화시킬 것입니다. 승진이 과거 성과에 대한 보상이 아닌 '다음 역할 수행을 위한 역량'에 기반하게 되면, 이는 동적인 프로젝트와 리더십 역할에 필요한 특정 기술을 가진 인재를 적시에 배치하는 데 기여할 것입니다. 보상과 승진을 경직된 연공서열에서 분리함으로써, 기업은 인재를 더 유연하게 배치하고, 기술 개발(업스킬링/리스킬링)을 장려하며, 동적인 맥락에서 리더십을 발휘할 수 있는 인재를 선발하는 문화를 조성할 수 있습니다.

이러한 측면에서 승진 적체를 해소하기 위해 단순히 호칭을 바꾸거나 직급을 줄이는 것은 표면적인 변화에 불과합니다. 진정한 수평화는 의사소통 방식, 의사결정 과정, 권력 역학 등 심층적인 문화적 변화를 수반해야 합니다. 일부 기업의 실패 사례들은 이러한 근본적인 문화적 경직성(예: 상명하복)을 해결하지 못하면 구조적 변화의 이점이 실현되지 않고, 오히려 승진 기회 감소로 인한 동기 저하와 같은 부정적인 결과를 초래할 수 있음을 보여줍니다. 즉, 표면적인 구조 변화(예: 호칭 변경)가 심층적인 문화적 변혁(예: 진정한 의사결정 방식의 변화, 모든 의견에 대한 존중)을 수반하지 못할 경우, 변화의 효과가 미미하거나 부정적인 부작용(예: 동기 저하, 책임 불분명)을 초래하여 결국 과거 시스템으로 회귀하는 경향이 나타날 것입니다.

직급을 통합하고, 정년이 여장되며, 조직 구조를 평평하게 하여 중간관리자 보직을 줄일수록 리더의 자리는 한정되고 후보자의 풀은 확대될 것입니다. 리더십의 위기는 누구를 리더로 선발할 것인가로부터 해결책이 찾아져야 합니다. 리더가 중요할수록 잘못된 선발로 인한 위기는 더 심각해질 것입니다. 이런 관점에서 지금부터는 리더십 위기를 극복하는 데 필요한 평가 방법에 대해 보다 깊이 살펴보도록 하겠습니다.

기존 리더 선발 방식의
문제점과 한계는 무엇일까요

 기존의 리더 선발 과정은 종종 시대에 뒤떨어진 위계적 구조와 연공서열 선호에 기반하고 있어, 고령화되고 급변하는 사회의 복잡성을 다루는 데 부적합합니다. 전통적으로 승진은 직급의 변동과 보직 임명으로 나누어지고 직급 승진에 활용되는 자료들은 근속 햇수를 채운 사람 중에 평가, 포상, 징계 등을 반영하는 승진 포인트, 최근 몇 년간의 인사평가 결과 등을 통해 승진 후보자를 선발하여 인사위원회 등의 결정으로 이루어집니다. 보직 임명은 직급 승진이 된 이후에 이루어지는 의사 결정이구요. 물론 최근에 직급을 통폐합하면서 직급 승진이 없어진 기업들이 생겨나고 있습니다.

 문제는 직급이 통합되면 이론상으로는 보직 후보자가 더 많아지는 것입니다. 현실적으로는 직급 승진은 실제 연공서열적 요소가 아주 강하고, 보직자 선발도 미래의 잠재력보다는 시니어 인력들이 우선 임명되고 있습니다. 이러한 방식은 편견을 고착화하고 미래에 필요한 다양하고 적응력 있는 리더의 등장을 저해합니다.

 먼저 연령은 여전히 경력 개발에 있어 중요한 장벽으로 작용합니다. 전통적인 직장 환경에서는 고위 관리직에 연공서열이 높은 직원을 선호하는 경향이 있으며, 이러한 고정관념은 능력을 연령에 따라 평가하여, 후보자가 젊으면 경험 부족으로 "너무 어리다"고 판단하는 결과를 낳습니다. 게다가 장유유서의 전통적 유교 가치관은 이러한 고정 관념을 더 심화시킵니다.

이러한 현상은 리더십 내 연령 차별의 자기 영속적 순환을 만듭니다. 이는 다양한 인재가 간과되고 지배적인 집단의 편견이 암묵적으로 정당화되는 악순환을 초래하여 결국 연차가 우선하는 승진으로 귀결될 수 있습니다.

두 번째로 리더들은 베이비부머, X세대, 밀레니얼, Z세대에 이르는 다양한 세대로 구성된 인력을 관리하는 데 상당한 어려움을 겪고 있습니다. 각 세대는 고유한 소통 방식, 태도, 가치관, 기대치가 있는데 리더들은 이러한 다양한 팀을 효과적으로 이끌 지식이 부족하여 갈등과 생산성 저하로 이어질 수 있습니다. 인공지능(AI), 자동화, 디지털 전환의 급속한 발전에도 불구하고, 리더십은 종종 과거의 구조에 머물러 있으며, IT 주도 변화에 대한 조직의 기대를 따라가지 못하고 있습니다. 특히 한국의 경우, '꼰대' 문화, 직장 내 민주주의 부재, 경제적 불평등, 군대식 조직 문화가 세대 갈등을 심화시켜 세대 간 소통과 협력을 어렵게 만들고 있습니다.

이러한 상황은 급변하는 환경 속에서 '경험의 역설'을 보여줍니다. 고령 리더들은 지혜와 경험을 제공하며 팀에 영감을 줄 수 있습니다. 그러나 동시에 고령 리더들이 새로운 기술을 이해하거나 수용하는 데 어려움을 겪고 혁신에 저항할 수 있는 것도 사실입니다. 반면 젊은 세대는 새로운 관점과 기술 변화에 대한 적응력이 높게 나타납니다. 여기서 발생하는 역설은, 경험이 분명히 가치 있음에도 불구하고, 급변하는 디지털 및 초연결 사회의 새로운 패러다임(디지털, 애자일, 다양성)에 대한 저항과 결합할 때 오히려 조직의 적응을 방해하는 약점이 될 수 있다는 것입니다.

마지막으로 현재 기업 임원의 상당 부분은 50세 이상의 남성 리더들이 맡고 있으며, 전통적인 대기업에서는 중간급 리더들도 50대인 경우가 있습니다. 이들은 종종 임기 제한과 같은 제도적 제약 없이 장기간 권력을 유지하게 됩니다. 이러한 인구 통계학적 불균형은 구조적, 문화적, 제도적으로 다양성을 가로막는 장벽으로 작용하고 있습니다.

고령 남성 리더들의 지배는 사업모델의 변화, 디지털 정책, 젊은 세대의 요구와 같은 중요한 문제에 대한 대응력, 포괄성, 혁신을 저해할 수 있습니다. 이들은 새로운 기술 채택에 어려움을 겪을 수 있고, 사업 구조의 정체 및 변화 저항을 초래하며, 시대에 뒤떨어진 방향을 지속시킬 수 있습니다.

리더십이 인구 구성(특히 연령과 성별 구성)을 반영하지 못할 때, 젊은 세대와 소외된 집단은 자신들이 권력의 중심에 반영되지 않는다고 느끼게 되고 결국 자신을 소외시켜 조용한 퇴사 등을 높여 나갈 가능성이 큽니다.

또, 고령 남성 리더십의 지배가 혁신, 대응력, 신뢰에 미치는 부정적인 영향은 분명합니다. 급변하는 '빅데이터와 인공지능 시대' 및 '초연결 사회'에서 리더십이 동질적이고 변화에 저항한다면, 조직이나 사회는 본질적으로 적응력이 떨어지고 예측 불가능한 도전에 더 취약해질 수밖에 없습니다. 이는 안정을 제공하도록 설계된 구조가 오히려 취약성의 원천이 되는 시스템적 위험을 초래하며, 인지적 및 인구 통계적 다양성을 우선시하는 리더십 선발로의 전환 필요성을 시사합니다.

리더 선발이 필요할 때 우리는 정보가 충분할까요

고령화가 심화하고 기술 변화가 빠를수록 우리는 다양한 이유로 리더의 선발을 고민하게 됩니다. 이때 우리는 후보자들에 대한 정보를 충분히 파악하고 있는지, 보직을 임명하는 절차와 과정이 공정하고 투명한지가 중요한 쟁점이 됩니다. 리더를 선발해야 할 때는 언제이고 이때 우리에게 정보는 충분한지, 충분하지 않다면 어떻게 정보를 획득해야 할까요. 먼저 정보가 필요한 때입니다.

현재의 인력 구조가 유지되는 가운데 정년이 연장된다면 만년 중간급 리더가 더 양산될 수밖에 없습니다. 위계적 조직과 유교적 문화가 결합하고, 이들의 임원 승진 기회가 더 어려워져서 장기적인 리더가 되는 것이 본인의 무능력 때문이 아니라고 인식한다면 보직의 장기화는 더 심화할 수밖에 없습니다. 이런 상황에서 장기 보직자 가운데 교체를 해야 한다면 누구를 해야 하는지를 고민해야 합니다. 일부 기업에서는 젊은 오너의 등장으로 소위 물갈이를 대대적으로 하기도 하지만 투명하고 수용 가능한 기준과 절차가 없이 고령화되고 장기 보직자라는 이유만으로 면보직을 하면 저항하거나 구성원들의 조직 가치를 훼손할 수 있습니다.

또 기존에 파트 단위로 있다가 기능과 역할이 확대되어 팀 또는 그룹으로 새로운 조직을 설계하면 리더의 선발 이슈가 생깁니다. 조직 구성원이 다양한 세대로 이루어져 있고, 특히 시니어급 인력이 다수이면 그들 가운데 누구를 리더로 선발하느냐가 중요한 쟁점이 됩니다. 물론 에자일한 조직으로 운영한다면 필요에 따라 리더를 교체하기가 쉽겠지만, 기능적인 조직에서는 누구를 임명하느냐가 중요한 의사결정이 될 것입니다. 상위자가 구성원들에 대한 정보가 제한적일수록 누가 적합한지에 대한 폭 넓은 정보가 필요합니다.

나아가 보직 변동이 있을 때도 충분한 정보가 요구됩니다. 임원 승진으로 인한 중간급 리더 선발, 보직 이동으로 인한 선발, 퇴사나 사고로 인한 결원 발생 등이 있을 때 시대와 환경에 적합한 리더를 선발할 기회가 생깁니다. 승계 프로그램이 있었다면 후보자 Pool에서 선발할 수 있겠지만 잠재적인 역량 분석이 안 되어 있으면 결국 연공에 의한 선발이 될 가능성이 높습니다.

마지막으로 경영상의 이유로 대대적인 조직 개편이나 인사이동이 있을 때 정보가 요구됩니다. 사업 구조의 변화, 중간급 리더의 언보싱, 리더십 정체에 대한 조직문화 차원에서의 혁신, 대형 사고로 인한 갑작스러운 리더십의 붕괴 위기 등에 처하면 리더십의 대대적인 변화가 이루어지게 됩니다. 조직 개편에 따라 누가 리더로 남을 것인지, 통합된 조직의 리더는 누가 될 것인지 등이 중요할 텐데 이때 최고 경영진으로서는 자신이 알 수 있는 리더는 제한적일 수밖에 없습니다. 또 자신과 근무 경험이 있었다고 해도 다른 후보자보다 더 적합한지에 대한 확인이 필요합니다.

이제는 객관적인 정보가 필요합니다

사실 그동안 우리는 '깜깜이 인사평가'와 '감感에 의존한 판단' '연공서열'에 의한 결정'을 해왔다고 보입니다. 이 때문에 리더 선발의 객관성과 투명성이 부족합니다. 이는 리더십의 경직성을 심화시키고, 변화에 대한 저항을 높입니다.

이에 연공주의와 '감感에 의한' 승진의 한계를 극복하고 미래 지향적인 리더십을 확보하기 위해서는 과학적이고 객관적인 평가 도구의 도입이 필수적입니다. 이러한 도구들은 개인의 잠재 역량과 미래 성과를 예측하는 데 중점을 둡니다. 이는 잠재 역량 파악을 위한 역량 모델링, 심리 측정, 행동 관찰 등 과학적 방법론을 활용하는 것을 의미합니다. 즉, 데이터 기반의 객관적인 리더십 평가 시스템을 구축해야 합니다.

1 | 예측 타당성 확보

객관적인 평가 도구는 미래 직무 성과와 리더십 성공을 얼마나 정확하게 예측할 수 있는지를 나타내는 '예측 타당성'이 높습니다.

이는 '나쁜 채용'의 위험을 줄이고, 조직의 인적 자원 투자 대비 수익ROI을 극대화하는 데 기여합니다.

2 | 편향 제거 및 공정성 증진

표준화된 절차와 객관적인 기준을 통해 평가자 편향(주관적 판단, 후광 효과 등)을 최소화하고, 모든 지원자에게 공평한 기회를 제공하여 공정성을 높입니다. 이는 특히 연령 차별이나 성별 편향을 줄이는 데 중요합니다.

그렇다면 승진에 대한 정보를 어떤 방법으로 확보할 수 있을까요? 고령화된 인력에서 승계 계획을 수립하고 강력한 리더십 파이프라인을 구축하기 위해서는 현재의 성과뿐만 아니라 잠재된 리더십 역량을 평가하는 것이 매우 중요합니다.

이를 위해서는 다양한 평가 방법론 및 도구를 활용할 필요가 있습니다. 전통적으로 활용되던 근속 햇수, 승진 포인트, 최근 3개년 인사평가 결과 등의 평가 방법론은 실제 리더에 대한 예측 타당성이 많이 부족한 평가 방법이기도 하고 근본적으로 연공적 요소에 기반한 평가 방법이라는 한계가 있습니다. 따라서 기존의 평가 방법을 보완할 수 있는 다양한 평가 방법이 모색되어져야 합니다. 우선 다양한 평가 방법의 강약점을 살펴보고 궁극적으로는 이러한 평가 방법들을 균형 있게 활용해야 함을 살펴보도록 하겠습니다.

A. 인사평가 Performance Appraisal

인사평가는 직원의 과거 성과와 역량을 평가하는 시스템입니다. 주로 보상, 승진, 직무 배치, 교육 훈련 필요성 파악 등 다양한 인사 결정의 기초 자료로 활용되고 있습니다. 전통적으로 리더나 상사에 의한 일방적인 평가가 주를 이루고 있습니다.

1 | 강점

- **직관적 타당성** Face Validity: 과거 성과가 미래 성과를 예측할 것이라는 직관적인 믿음이 강합니다.
- **기존 데이터 활용 용이성**: 이미 축적된 성과 데이터를 활용하므로 추가적인 평가 도구 개발 비용이 적을 수 있습니다.
- **개발 목적의 유용성**: 직원의 강점과 약점을 파악하여 개인의

역량 개발 계획을 수립하는 데 유용합니다.

2 | 약점

- **낮은 미래 리더십 성과 예측력**: 특히 미래 리더십 역할과 같이 요구 역량이 크게 변화하는 상황에서는 예측 타당성이 낮습니다.
- **평가자 편향**Rater Bias: 상사의 주관적 판단, 후광 효과halo effect, 관대화/엄격화 경향 등 평가자 편향에 취약하여 평가의 객관성과 신뢰성을 저해할 수 있습니다.
- **성과 요건의 불일치**: 과거 직무의 성과 요건이 새로운 직무(특히 상위 리더십 직무)의 성과 요건과 일치하지 않을 수 있습니다.
- **시간 지연 및 비연속성**: 연 1회 또는 2회 진행되는 평가의 특성상, 목표 설정과 피드백 사이에 긴 시간 간격이 발생하여 실시간 성과 개선에 한계가 있습니다.

인사평가는 직원의 과거 성과를 측정하며, 직관적으로는 미래 성과를 잘 예측할 것 같지만, 동시에 평가자 편향 등의 약점도 존재합니다. 즉, 특정 직무에서 뛰어난 성과를 보인 직원이 반드시 리더로서도 뛰어난 성과를 낼 것이라고 단정하기 어렵습니다. 또한, 평가자 편향(관대화, 후광 효과, 주관성)은 평가의 객관성과 신뢰도를 떨어뜨려, 결과적으로 예측 타당성을 약화할 수 있습니다.

B.
성격검사 Personality Tests

성격검사는 개인의 안정적인 행동 패턴, 사고방식, 감정적 반응 등을 측정하는 심리 측정 도구입니다. 가장 널리 사용되는 모델은 '빅 파이브(Big Five)' 성격 특성(개방성, 성실성, 외향성, 친화성, 신경증)이며, 이 외에도 DISC, MBTI 등이 활용됩니다. 그러나 MBTI와 같은 일부 유형론적 검사는 과학적 타당성 측면에서 논란이 있기도 하고, 선발이나 채용 목적으로 사용되어서는 안 된다는 연구도 일부 있습니다.

1 | 강점

- **개발 및 팀 빌딩 목적의 유용성**: 개인의 강점과 약점을 파악하

고, 팀 내 역할 분담 및 팀워크 향상에 기여할 수 있습니다
- **문화 적합성 예측**: 조직 문화나 특정 직무 역할에 대한 개인의 적합성person-job fit, person-organization fit을 예측하는 데 도움을 줄 수 있습니다.
- **보완적 정보 제공**: 행동 데이터나 인지 능력 검사만으로는 파악하기 어려운 개인의 내재적 특성(동기, 선호)에 대한 통찰을 제공합니다.

2 | 약점

- **상대적으로 낮은 직무 성과 예측력**: 인지 능력 검사 등 다른 선발 도구에 비해 단독으로 사용 시 직무 성과 예측 타당성이 상대적으로 낮습니다.
- **응답 조작Faking 가능성**: 지원자가 바람직한 답변을 선택하여 실제 성격을 왜곡할 수 있습니다.
- **과학적 타당성 부족한 검사**: 과학적 근거가 부족하거나 채용 목적에 부적합한 검사를 사용할 경우, 예측 타당성이 전혀 없거나 해외에서는 실제 법적 문제의 소지가 있기도 합니다
- **복잡한 직무에서의 한계**: 복잡하고 변화무쌍한 직무에서는 성

격 특성보다는 인지 능력이나 학습 민첩성 등 다른 역량이 더 중요하게 작용할 수 있습니다.

성격검사는 널리 사용되고 있지만, 동시에 예측 타당성이 낮다는 비판도 존재합니다. 성격검사의 가치는 어떤 검사를 사용하는지(과학적 기반), 그리고 어떤 목적으로 사용하는지(선발 대 개발)에 따라 크게 달라집니다. 특히, 자신을 속이는 응답자나 복잡한 직무에서는 단독 예측 도구로서의 한계가 있으니, 개발 및 문화 적합성 판단의 보조 도구로 활용하는 것이 바람직합니다.

C.
행동사건면접 Behavioral Event Interview, BEI

행동사건면접BEI은 지원자가 과거에 특정 상황에서 어떻게 행동했는지를 구체적으로 질문하여, 그 행동 패턴을 통해 미래의 직무 성과를 예측하는 구조화된 면접 방법입니다. 이 방법은 "과거 행동은 미래 행동을 예측하는 가장 좋은 지표이다"라는 행동 일관성 원리behavioral consistency principle에 기반합니다.

1 | 강점

- **높은 예측 타당성**: 구조화된 질문과 평가 기준을 통해 직무 성과를 효과적으로 예측합니다.
- **객관성 및 공정성**: 모든 지원자에게 동일한 질문을 하고 미리 정의된 평가 척도를 사용함으로써 평가자 편향을 줄이고 공정성을 높입니다.
- **실제 행동 기반**: 가설적 질문이 아닌 실제 경험을 바탕으로 하므로, 지원자의 실제 역량을 더 정확하게 파악할 수 있습니다
- **법적 방어 용이성**: 직무 관련성이 높고 표준화된 절차를 따르므로 법적 분쟁 발생 시 방어에 유리합니다.

2 | 약점

- **시간 소모적**: 상세한 질문과 심층적인 답변을 요구하므로 면접 시간이 길어질 수 있습니다.
- **면접관 훈련의 중요성**: 효과적인 BEI를 위해서는 면접관이 질문 기법, 경청, 행동 관찰 및 평가 기준 적용에 대한 충분한 훈련을 받아야 합니다.

- **응답 조작 가능성**: 지원자가 바람직한 답변을 준비하거나 과장할 가능성이 있습니다.
- **과거 경험의 한계**: 과거 경험이 미래의 모든 상황을 반영하지 못할 수 있으며, 특히 급변하는 환경에서는 과거의 성공 방식이 더 이상 유효하지 않을 수 있다는 비판도 있습니다.

BEI의 높은 예측 타당성은 단순히 '과거 행동은 미래 행동을 예측한다'는 원리에 기반하는 것을 넘어, 면접 과정의 '구조화'와 '객관화'를 통해 달성됩니다. BEI의 강점으로는 '구조화된 질문', '사전 정의된 평가 척도', '모든 지원자에게 동일한 질문', '객관적인 평가' 등이 있고, 이러한 요소들은 비구조화된 면접의 주관성과 편향성을 극복하는 핵심적인 역할을 합니다. 급변하는 환경에서 과거 경험의 한계가 지적되기도 하지만 BEI는 단순히 '무엇을 했는지'가 아니라 '어떻게 했는지'(문제 해결 방식, 적응력 등)를 파악하므로, 변화에 대한 개인의 대응 방식을 예측하는 데 여전히 유용합니다.

D.
어세스먼트 센터 Assessment Center, AC

어세스먼트 센터^{AC}는 훈련된 다수의 평가자가 다양한 상황 과제 (시뮬레이션, 역할극, 그룹 토론, 발표 등)를 활용하여 지원자의 행동을 관찰하고 평가함으로써 잠재된 리더십 역량을 예측하는 도구입니다. 특정 직급에 필요한 역량(예: 전략적 사고, 팀워크, 이해관계 조정, 의사소통)을 구체적인 행동 지표로 정의하고, 이를 다양한 방식으로 교차 측정합니다.

1 | 강점

- **높은 예측 타당성**: 특히 리더십 잠재력 및 복잡한 직무 성과 예측에 강점을 가집니다.
- **종합적이고 다각적인 평가**: 다양한 시뮬레이션과 여러 평가자의 관찰을 통해 지원자의 역량을 심층적이고 종합적으로 평가할 수 있습니다.
- **행동 기반 평가**: 실제 직무와 유사한 상황에서 나타나는 행동을 직접 관찰하므로, 단순히 지식이나 선호도를 묻는 것보다

실제 수행 능력을 잘 파악할 수 있습니다.
- **개발 목적의 유용성**: 평가 결과를 바탕으로 상세한 피드백과 개발 계획을 수립하는 데 매우 효과적입니다.

2 | 약점

- **높은 비용 및 시간 소모**: 개발, 운영, 평가자 훈련 등에 상당한 시간과 투자가 필요합니다
- **전문성 요구**: 평가자 훈련 및 평가 설계에 산업심리학 전문가의 개입이 필수적입니다.
- **평가자 편향 가능성**: 다수의 평가자가 참여하더라도 평가자 간의 주관성이나 그룹 심리 효과에 의한 편향이 발생할 수 있습니다.
- **내용의 최신성 유지**: 시뮬레이션 시나리오가 빠르게 변화하는 직무 환경에 맞춰 지속적으로 업데이트되어야 합니다.

AC는 "핵심 인재 개발 및 고가치, 고위험 선발 결정에 상당한 이점을 제공한다"는 점을 고려할 때, 높은 비용은 특정 상황에서는 충분히 정당화될 수 있습니다. AC는 단순한 지식 측정이 아닌,

'가상 상황을 통한 잠재된 리더십 역량 예측'에 초점을 맞춥니다. 다양한 상황 과제와 다중 평가자의 교차 측정을 통해 '행동 지표'를 구체적으로 관찰하고 평가합니다. 이러한 '행동 기반'의 '종합적'이고 '구조화된' 평가는 실제 업무 환경에서의 복잡한 리더십 행동을 예측하는 데 매우 효과적입니다. 따라서 AC는 비용과 시간 측면에서 상당한 투자를 요구하지만, 리더십과 같은 복잡하고 중요한 역량을 예측하고 개발하는 데 있어 독보적인 가치를 제공합니다. 특히 조직의 핵심 리더 선발 및 육성 등 '고위험-고가치'의 의사결정에서는 AC의 높은 예측 타당성과 종합적인 평가 능력이 투자 비용을 웃도는 이점을 가져올 수 있습니다.

E.
360도 다면평가 360-Degree Multi-rater Feedback

360도 다면평가는 개인의 직무 성과나 역량을 상사, 동료, 부하직원, 그리고 때로는 고객 등 다양한 이해관계자로부터 피드백을 수집하여 종합적으로 평가하는 방법입니다. 자기 평가를 포함하여 여러 관점의 피드백을 제공함으로써 개인의 자기 인식 self-awareness 을 높이고, 강점과 개선점을 명확히 파악하는 데 도움을 줍니다.

1 | 강점

- **종합적인 관점 제공**: 상사 한 명의 시각이 아닌 다각적인 관점에서 피드백을 제공하여 평가의 객관성과 공정성을 높입니다.
- **자기 인식 향상**: 타인의 시각을 통해 자신의 강점과 약점, 맹점 blind spots을 파악하고 자기 인식을 높이는 데 기여합니다.
- **개발 목적의 강력한 도구**: 리더십 개발, 행동 변화 유도, 역량 향상 계획 수립에 매우 유용합니다.
- **조직 문화 개선**: 피드백 문화를 조성하고, 팀워크와 협업을 촉진하며, 조직 목표와의 정렬을 돕습니다.

2 | 약점

- **선발 목적의 낮은 예측 타당성**: 미래의 리더십 잠재력이나 새로운 역할에서의 성공을 직접적으로 예측하는 데는 한계가 있습니다.
- **주관성 및 편향**: 피드백 제공자의 주관적인 인식, 개인적인 관계, 조직 정치 등에 의해 피드백이 왜곡될 수 있습니다.
- **익명성 및 신뢰 문제**: 익명성이 보장되지 않거나 피드백 시스

템에 대한 신뢰가 부족할 경우, 솔직하고 건설적인 피드백을 얻기 어렵습니다.
- **복잡한 구현 및 후속 조치**: 효과적인 360도 피드백 시스템 구축은 복잡하며, 피드백 이후의 코칭, 개발 계획 수립 등 적절한 후속 조치가 없으면 효과가 미미할 수 있습니다.

360도 다면평가는 다양한 관점의 피드백을 제공하여 종합적인 평가를 가능하게 합니다. 그러나 360도 피드백은 '리더십 잠재력'을 예측하는 데는 부족하기도 합니다. 피드백이 사람들의 '인식', '개인적인 의견', '직장 내 역학'에 의해 걸러지기 때문에, 실제 행동이 아닌 심리적으로 거래하여 좋은 게 좋다는 평가가 될 수 있습니다.

또한, 360도 피드백을 '평가 도구'로 오용하면 불신을 초래할 수 있기에, '개발 목적'으로 사용될 때 직원 참여가 더 높아집니다. 따라서 360도 다면평가는 자기 인식 향상과 행동 변화 유도에 매우 효과적인 '개발 도구'입니다. 그러나 미래의 잠재력이나 특정 역할로의 선발을 직접적으로 예측하는 데는 한계가 있으므로, 선발 과정에서는 다른 객관적이고 행동 기반의 평가 도구(예: AC, BEI)와 함께 보조적으로 활용하거나, 주로 개발 목적에 집중하여 활용하는 것이 바람직합니다.

F. 바이오 데이터 Bio Data

바이오 데이터 Bio Data, 즉 생애사적 정보는 개인의 과거 경험, 행동, 흥미, 태도, 기술, 능력 등에 대한 질문을 통해 미래의 직무 성과를 예측하는 방법입니다. "과거 행동은 미래 행동을 예측하는 가장 좋은 지표이다"라는 행동 일관성 원리에 기반합니다. 질문은 학력, 과거 직무 경험, 취미, 봉사 활동 등 다양하며, 특정 직무의 성공 요인과 관련된 패턴을 식별합니다.

1 | 강점

- **높은 예측 타당성**: 과거의 실제 행동과 경험을 기반으로 하므로 미래 성과 예측에 효과적입니다.
- **비용 효율성**: 일단 개발되면 대규모 지원자에게 비교적 저렴하고 빠르게 적용할 수 있습니다.
- **소수 집단에 대한 불리한 영향 감소**: 다른 선발 도구에 비해 소

수 집단에 대한 불리한 영향adverse impact이 적은 경향이 있습니다.

- **객관성**: 질문에 대한 답변은 사실에 기반하므로 주관적인 판단이 개입될 여지가 적습니다.

2 | 약점

- **개발의 어려움 및 시간 소모**: 특정 직무에 맞는 바이오 데이터 문항 개발 및 타당성 검증은 상당한 전문성과 대규모 샘플을 필요로 하는 어렵고 시간 소모적인 작업입니다.
- **일반화의 어려움**: 특정 직무나 조직에 맞춰 개발된 바이오 데이터는 다른 직무나 조직에 그대로 적용하기 어려울 수 있습니다.
- **응답 조작Faking 가능성**: 지원자가 바람직한 답변을 선택하여 실제 경험을 왜곡할 가능성이 있습니다.
- **액면 타당성 부족**: 일부 문항은 직무와 직접적인 관련성이 없어 보이므로 지원자들이 평가의 공정성에 의문을 제기할 수 있습니다.
- **클로닝Cloning 우려**: 과거 성공적인 인재의 특성을 기반으로 하

므로, 조직 내 다양성을 저해하고 유사한 유형의 인재만 선발하게 될 수 있습니다.

바이오 데이터는 높은 예측 타당성을 가지며 '과거 행동이 미래를 예측한다'는 원리에 기반합니다. 그러나 바이오 데이터의 한계는 "과거를 복제하는 것"이며, "과거에 효과가 있었던 것을 선발하기 때문에, 상황이 변하면 문제가 될 수 있다"는 점입니다.

바이오 데이터는 과거의 성공적인 패턴을 식별하여 미래를 예측하려 합니다. 안정적인 환경에서는 효과적일 수 있지만, AI 도입, 새로운 비즈니스 모델 등 급변하는 환경에서는 과거의 성공 요인이 더 이상 유효하지 않을 수 있습니다. 조직이 새로운 도전과 변화에 직면했을 때, 과거의 성공 방정식에만 의존하는 인재 선발은 오히려 조직의 적응력과 혁신 역량을 약화할 수 있습니다. 특히, 고령화 사회에서 다양한 세대와 가치관을 포용해야 하는 상황에서, 바이오 데이터가 특정 연령대나 경험에 편향된 결과를 낳을 위험도 있습니다.

G.
근속 햇수 Tenure/Years of Service

근속 햇수는 개인이 특정 조직이나 직무에서 근무한 기간을 의미합니다. 전통적으로 근속 햇수가 길수록 충성도, 안정성, 숙련도, 기관 지식 등이 높을 것이라는 인식이 있었습니다.

1 | 강점

- **충성도 및 안정성 지표**: 조직에 대한 충성도와 이직 가능성이 낮음을 나타내는 지표로 활용될 수 있습니다.
- **기관 지식 및 네트워크**: 오랜 기간 근무한 직원은 조직의 시스템, 프로세스, 문화에 대한 깊은 이해와 광범위한 내부 네트워크를 보유할 가능성이 높습니다.
- **멘토링 기회**: 숙련된 고령 직원은 젊은 직원들에게 지식과 경험을 전달하는 멘토 역할을 할 수 있습니다.

2 | 약점

- **낮은 직무 성과 예측력**: 직무 성과, 특히 미래의 복잡하거나 변화하는 직무 성과를 예측하는 데는 예측 타당성이 매우 낮습니다.
- **혁신 저해 가능성**: '항상 이렇게 해왔다'는 사고방식으로 인해 변화에 저항하거나 혁신적인 접근 방식을 제안하는 데 소극적일 수 있습니다.
- **매너리즘 및 번아웃**: 새로운 도전이나 책임 변화가 없을 경우, 시간이 지남에 따라 업무에 대한 열정이 감소하거나 번아웃을 경험할 수 있습니다.

근속 햇수는 직원의 충성도, 안정성, 숙련도를 나타내는 지표로 흔히 여겨집니다. 그러나 단순히 '근속 햇수'가 아니라 '경험의 질'(수행한 업무의 성격, 직면한 도전, 경험의 다양성)이 중요합니다. 동일한 근속 햇수라도 경험의 내용에 따라 미래 성과 예측력이 달라질 수 있습니다.

따라서 근속 햇수 자체는 미래 성과를 직접적으로 예측하는 강력한 지표가 아닙니다. '경험'을 평가할 때는 단순히 기간이 아닌

'어떤 종류의 경험'을 했는지, 그리고 그 경험이 '현재 또는 미래 직무에 얼마나 관련성이 높은지'를 심층적으로 분석해야 합니다. 근속 햇수를 단순한 '시간'의 척도가 아닌, '축적된 경험의 질'과 '조직 내 지식 전달의 잠재력'이라는 관점에서 접근해야 합니다.

최적의 인재 선발 및 개발을 위해 평가 방법을 조합해야 합니다

단일 평가 방법론만으로는 인재 선발 및 개발에 필요한 모든 정보를 제공하기 어렵습니다. 각 방법론은 측정하는 역량의 종류와 예측 타당성 수준, 그리고 강점과 약점이 다르므로, 여러 방법을 조합하여 사용하는 것이 전체적인 예측 타당성을 극대화하는 가장 효과적인 전략입니다. 이를 통해 서로 다른 관점의 정보를 보완하고, 평가의 신뢰성과 객관성을 높일 수 있습니다.

각 평가 방법론은 고유한 예측 타당성 계수와 강점 및 약점을 가지며, 어떤 방법론도 단독으로 완벽하지 않습니다. 각 도구가 측정하는 역량 차원이 다르므로(예: GMA는 인지 능력, 성격 검사는 행동적 성향, BEI는 과거 행동 패턴), 이들을 조합하면 개인의 역량을 더 넓고 깊게 파악할 수 있습니다. 따라서 조직은 단순히 여러 평가 도구를 나열하여 사용하는 것이 아니라, 각 도구의 예측 타당성, 측정 역량, 비용 효율성 등을 고려하여 '전략적인 조합'을 설계해야 합니다. 이는 '최고의 단일 도구'를 찾는 것이 아니라, 조직의 목표와 리더 특성에 맞는 '최적의 평가 포트폴리오'를 구축하는 것이 중요함을 의미합니다.

실제 적용을 해보면 다음과 같이 선발과 개발에 따라 조합이 다르게 구성되어야 합니다.

1 | 선발 목적

- 높은 예측 타당성 요구 시: 일반 정신 능력(GMA) 검사+구조화된 면접(BEI)+(필요시) 성실성 검사 또는 어세스먼트 센터(AC)를 조합하는 것이 가장 효과적입니다. 특히 리더십 포지션에는 AC가 강력한 예측력을 제시해 주기에 AC를 활용하는 것이 효과적입니다.

2 | 개발 목적

- 리더십 개발: 360도 다면평가, 개발 센터[DC, Development Center] 활

용, 성격검사 등이 효과적입니다. 특히 DC는 실제 업무나 역할과 유사한 모의 상황을 과제로 제시하고, 이를 해결해 가는 과정을 동영상으로 촬영하여 보여줌으로써 자신과 타인의 행동 양식을 관찰하고 비교하게 하여 리더 자신에 대한 객관화에 매우 효과적입니다.

결론적으로, 객관적인 평가 도구의 도입은 한국 기업이 연공주의와 '감感 경영'의 굴레에서 벗어나, 급변하는 시대에 필요한 유능하고 혁신적인 리더를 선발하고 육성하며, 궁극적으로 지속 가능한 성장을 달성하는 데 필수적인 전략적 전환점이 될 것입니다.

장을 마치며

HR은 관리를 넘어 위기 예방과 미래 리더십 육성의 핵심 동력이 됩니다.

1. 우리 회사는 단순히 인력 관리를 넘어, 리더십 위기의 징후를 선제적으로 진단하고 해결하기 위한 전략적 역할을 수행하고 있다고 생각하십니까?

2. 리더 선발에 있어 '느낌'이 아닌 '데이터'에 기반한 과학적인 시스템을 구축하고 있습니까? 혹시 여전히 '연공주의'로 인해 준비되지 않은 리더가 양산되고 있지는 않나요?

3. 당신의 리더십 교육은 단순히 '일회성 행사'에 그치지 않고, 새로운 시대에 필요한 핵심 역량을 지속적으로 개발하고 실제 행동 변화로 이어지게 돕고 있습니까?

4. 당신의 조직은 승진을 더 이상 '과거 성과에 대한 보상'이 아닌 '미래 역할 수행을 위한 선발'의 관점에서 접근하고 있습니까? 이를 뒷받침하는 평가 및 보상 시스템을 갖추고 있나요?

5. 우리 회사에서는 승진에 필요한 정보를 충분히 파악하고 있나요, AC,DC 등과 같은 객관적인 평가 방법을 추가로 도입할 필요성을 느낍니까?

8장

미래 지향적 리더십을 위해 평가 센터(AC) 및 개발 센터(DC)를 전략적으로 활용합시다

끊임없는 변화와 복잡성으로 정의되는 시대에, 객관적인 리더십 선발을 위한 평가 센터^{AC}와 지속적인 리더십 육성을 위한 개발 센터^{DC}의 전략적 활용은 더 이상 선택 사항이 아니라 조직 성공을 위한 필수적인 요소일 수 있습니다.

AC는 잠재력과 성과에 대한 데이터 기반의 통찰력을 제공함으로써, 조직이 우수한 승진 결정을 내리고, 리더십 파이프라인을 구축할 수 있도록 합니다.

DC는 리더 개개인이 가상 상황에서 어떻게 발현되는지를 스스로 보고, 타인과 비교하는 가운데 자신의 역량이나 강약점을 자각하도록 도와줄 수 있습니다.

특히 AC는 잠재적인 리더 발굴에 크게 기여할 것이고, DC는 획일적인 리더십 교육의 한계를 극복하고, 직원들의 경험을 완성하는 리더 자신의 행동 변화에 효과적인 접근이 될 것입니다. AC와 DC가 익숙하지 않은 분들을 위해 일반적인 DC프로세스를 먼저 소개하도록 하겠습니다. AC는 DC의 촬영, 피드백이 없이 평가자의 평가에 집중하기에 DC과정을 이해하면 AC과정은 더 쉽게 이해하실 수 있습니다. 부록에 실제 A/DC 운영 사례를 편집하였으니 보다 구체적인 이해가 필요하신 분들은 부록을 읽어 주시기를 바랍니다.

역량 개발센터 Development Center 프로세스는 어떻게 될까요

통상적으로 DC 교육은 '사전 진단 과정 – 본 실습 과정 – 사후 점검 과정'의 3단계로 구분됩니다. [그림 1]은 DC 프로세스에 대한 예시입니다.

1단계 DC 이해 및 역량 학습 단계는 전반적인 DC 과정과 역량에 대해 이해하는 과정입니다. 이 과정에서 교육생들은 학습할 역량에 대해 명확히 이해해야 하고, 원활한 실습 및 교육생 상호 간

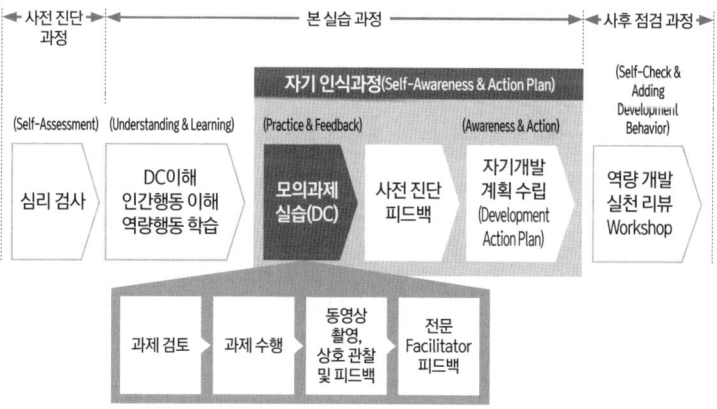

[그림 1] **Development Center 학습 Flow**

양질의 피드백을 제공할 수 있도록 인간의 행동을 관찰하고, 기록하고, 분류하고, 평가하는 방법 등을 학습하게 됩니다.

2단계 과제 실습 및 피드백 단계는 본격적인 실습이 이루어지는 단계로 모의 상황 과제를 숙지 및 실습하고, 동영상을 촬영하며, 상호 관찰(동영상 시청) 및 피드백을 진행합니다. 이 과정에서 교육생은 개인의 역량 있는 행동과 그렇지 않은 행동을 확인하고, 개인의 행동 패턴과 역량 수준을 이해하게 됩니다. 또한, 타 교육생의 행동 관찰을 통해 동일한 상황에서 우수 수행자와 부진 수행자는 어떻게 행동하는지를 알게 됩니다.

우수 수행자의 행동은 어떤 행동이 효과적인 행동인지를 학습하는 데 도움이 되며, 본인과 비슷한 또는 부진 수행자의 행동은 자신의 행동을 반추하고 유사 행동을 지양하는 데 도움이 됩니다. 피드백은 '타 교육생 → 본인 → 퍼실리테이터' 순으로 이루어집니다. 구체적으로 자신의 행동에 대해 타 교육생들은 어떻게 느꼈는지 피드백 받고, 관찰한 본인의 행동에 대한 평가와 소감을 밝히며, 최종적으로 퍼실리테이터의 종합 피드백을 통해 역량 있는 사람의 행동은 무엇인지를 깊게 이해하게 되는 거지요.

3단계 사전 진단 피드백 및 자기개발계획 수립 단계는 DC 조별끼리 DC과정에 대해 요약하고, 과제 실습 및 피드백을 통해 성찰한 내용을 바탕으로 우선적으로 개발할 역량과 학습 계획을 작성하여 조원 간 행동계획을 공유하는 과정입니다. 행동계획에 대한 공유는 개인의 도덕적 의무감을 고취시키고 실천도를 향상시키는 데 기여할 것입니다. 이를 위해서는 그룹 미팅을 진행하는데 '자기 인식의 의미 이해-사전 진단 검사 피드백 제시-DC 결과 공유(역량별 강약점)-개발 활동 제언-자기개발계획 수립-Closing(격려, 동기부여)'의 프로세스로 이루어집니다. 자기개발계획 수립 시에는 구체적인 행동 사례들로 이루어진 역량 개발 가이드Development Guide 를 제공하여 참고 자료로서 사용할 수 있도록 합니다. 수립한 자기개발계획서는 현업에 있는 직속 상사에게 보내 계획서가 제대로 이행되고 있는지 모니터링하고 지원하여 실행력을 높일 수 있습니다.

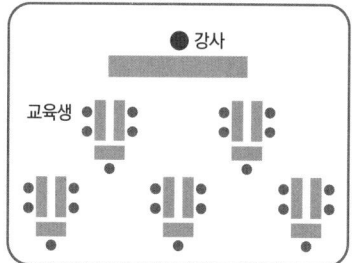 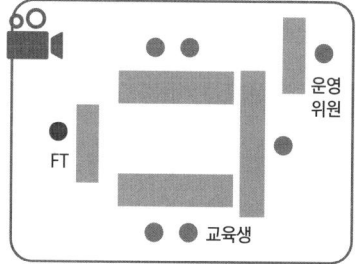

[그림 2] **Development Center 강의실 Layout**

사후 점검
과정

사후 점검 과정은 일상 현업으로 복귀한 교육생들이 자기개발 계획에 따라 역량 개발 활동을 잘 수행하고 있는지, 수행상의 장애 요인은 없는지 등의 달성 진척도를 확인하는데 그 목적이 있습니다. 통상은 DC과정 진행으로 마무리되는데 일부 기업은 사후 점검 과정을 진행하기도 합니다. DC 조별로 모여(교육생, FT) 역량 개발 실천 정도를 리뷰하기도 합니다. 이때 각 역량에 관한 성공사례와 실패 사례를 공유하고 각 사례의 원인을 분석합니다. 이후 FT, 동료 간 상호 피드백하고, 바람직한 행동의 현업 적용을 위한 행동 실천 포인트를 재정리하고 자기개발계획서를 수정 및 보완합니다.

지금 평가/개발 센터(AC/DC)는
더 필요합니다

고령화 사회에서는 단순히 연공서열이나 과거 성과에만 의존하는 방식으로는 미래 리더를 발굴하기 어렵습니다. 대신, 잠재력과 미래 지향적 역량에 초점을 맞춘 과학적이고 포괄적인 접근 방식이 필요합니다. 잠재적인 리더 후보를 체계적으로 관리하는 것은 고령화 시대의 조직이 직면한 복합적인 도전을 해결하고 지속 가능한 경쟁 우위를 확보하는 데 필수적입니다. 전통적인 선발 방식을 넘어, 고령화 사회에서 미래 리더 후보를 전략적으로 식별하고 육성하는 것은 모든 세대에 걸쳐 고잠재력 인재에 초점을 맞춘 능동적이고 포괄적이며 데이터 기반의 접근 방식을 요구합니다.

평가 센터^{AC}는 훈련된 평가자들이 다양한 시뮬레이션 상황(예: 인바스켓, 역할극, 그룹 토론, 발표)에서 후보자를 관찰하여 리더십 잠재력과 보직 수행 시의 성과를 예측하는 종합적인 다중 평가 방법입니다. AC는 보직 후보자의 리더십 역량을 평가하는 데 매우 효과적입니다. 메타 분석에 따르면 AC는 높은 준거 관련 타당성(전체 점수에서 .27~.47, 문제 해결, 의사소통, 추진력과 같은 특정 차원에서 .25~.39)을 보입니다.

아주 극단적이기는 하지만 해외 연구(리크루트^{Recruite})에 따르면, 어세스먼트 센터$^{Assessment\ Centers,\ AC}$는 약 70%에 가까운 예측 타당도를 가지는 것으로 나타나기도 했습니다. 이는 후보자의 미래 성과 수준을 70%의 정확도로 예측할 수 있음을 의미합니다.

이러한 결과는 AC가 특히 복잡한 관리직 및 리더십 역할의 잠재 역량을 예측하는 데 매우 효과적인 도구임을 시사합니다. AC는 실제 업무 시나리오를 시뮬레이션하여 후보자의 행동을 직접 관찰하고 평가함으로써, 단순히 지식이나 과거 성과를 넘어 미래의 리더십 성공에 필요한 역량(예: 학습 민첩성, 적응성, 비판적 사고)을 파악하는 데 강점을 가집니다.

따라서 AC는 리더십 파이프라인 및 승계 계획을 위한 고잠재력 인재 식별에 이상적입니다. 통제된 환경에서 후보자의 역량(리더십, 팀워크, 문제 해결, 의사소통)에 대한 전체론적 관점을 제공한다고 볼 수 있습니다. 즉 AC는 단순한 선발 도구를 넘어, 조직의 문화적 변화를 위한 강력한 지렛대 역할을 할 수도 있습니다. 세대 간 협업을 요구하는 시뮬레이션을 구성하거나 숙련된 리더를 평가자 / 코치로 활용함으로써 지식 이전을 촉진하도록 설계될 수 있습니다. 조직은 AC를 단순히 선발 또는 개발 도구가 아닌, 리더십 문화를 형성하고, 바람직한 행동을 촉진하며, 특히 고령화되고 다양한 인력 구성에서 중요한 지식 교환을 촉진하는 전략적 활동으로도 활용할 수 있습니다.

리더십 개발교육의 한계를 DC가 극복하는 데 도움이 됩니다

 기존의 리더십 개발 프로그램은 종종 '획일적 접근one-size-fits-all' 방식을 취하며 다양한 리더십 스타일을 수용하는 데 어려움을 겪습니다. 리더도 팔로워도 고유한 업무 스타일, 기대치, 피드백 선호도를 가지고 있으며, 표준화된 접근 방식은 이러한 개인적 미묘한 차이를 인식하고 활용하는 데 실패합니다. 아무리 좋은 리더의 모범사례를 배우고 리더십 원칙을 전달해도 결국 리더십의 완성은 일상에서의 리더와 팔로워의 경험으로 완성됩니다. 이런 점에서 일상 맥락에서 리더 스스로 어떻게 발현되는지를 자각하고 성찰하여 행동의 변화를 가져 오지 않으면 교육 효과는 한계가 있을 수밖에 없습니다. 만족도 높고 재미있는 강의가 아닌 일회성 교육이 아닌 자신을 변화시키는 육성 전략이 필요합니다.

 리더십의 효과성은 적용되는 맥락에 따라 크게 달라집니다. 한 상황에서 뛰어난 성과를 보인 리더가 다른 상황에서는 그렇지 못할 수 있습니다. 그러나 전통적인 리더십 개발 프로그램은 종종 '맥락을 간과'합니다. 이는 리더들이 실제 직무에서 마주하는 복잡한 문제(예: 스타트업 환경과 대기업 환경의 차이, 50대 부하와 20대 부하의 차이)에 직접적으로 적용되지 않는 이론적 개념이나 일반화된 시나리오에 초점을 맞추어 교육받는다는 것을 의미합니다.

이러한 단절은 리더십 개발 프로그램이 '실패'하는 주요 원인이 됩니다. 획득한 기술이 실제 리더십 역할의 요구사항으로 실질적으로 이전되거나 적용되지 못하기 때문입니다. 이는 교육 투자에 대한 낭비를 초래하고 리더십의 결함을 지속시켜, 궁극적으로 조직의 성과와 전략 실행에 부정적인 영향을 미칩니다.

DC는 실제 업무나 역할과 유사한 모의 상황을 과제로 제시하고, 이를 해결해 가는 과정과 결과에서 드러난 교육생의 역량 수준에 대해 관찰자(퍼실리테이터, 동료)가 피드백을 제공함으로써 스스로의 역량 수준을 인식하고 성찰할 수 있도록 하는 과정입니다. 구조화된 맥락에서 발현되는 자신의 모습을 보고, 스스로 자신을 성찰하여, 리더로서 자신을 개발해 나가도록 하는 육성 도구입니다.

오지 않은 미래의 역량 수준을 파악하고, 자신의 역량 수준을 객관화하는 AC/DC는 반드시 두 가지 핵심 원칙이 적용되어야 합니다.

첫째, AC/DC의 핵심 원칙은 '실제 업무 시뮬레이션'을 통해 '행동을 관찰'하는 것입니다. AC는 단순히 개인이 과거에 무엇을 했는지가 아니라, '가상 상황을 통한 잠재된 리더십 역량 예측'에 중점을 둡니다. 즉, 개인의 과거 성과나 직무 기술, 지식 측정이 아닌, 새롭고 가상적인 미래 시나리오에서 어떻게 행동하고 적응하는지를 관찰하는 데 집중합니다.

이렇게 함으로써 AC/DC가 예측 불가능한 도전을 헤쳐 나가고 새로운 맥락에 적응할 수 있는 타고난 역량을 가진 리더를 식별하는 데 특히 강력한 도구가 되게 합니다.

둘째로 AC/DC는 '훈련된 다수의 평가자가 평가'하고 '한 가지 역량에 대한 다중 기법 사용으로 교차 측정'을 통해 신뢰성과 타당성을 높인다는 원칙이 있습니다. 이러한 체계적이고 다중 평가자 기반의 교차 측정 방식은 평가자 개인의 주관적 편향을 최소화하고 후보자의 역량에 대한 더 포괄적이고 교차 확인된 분석 결과를 제공할 수 있게 됩니다. 이러한 객관성 증가는 더 정확하고 효과적인 승진 결정으로 이어질 뿐만 아니라, 평가 과정의 공정성과 투명성에 대한 인식을 크게 향상케 합니다.

AC와 DC의 차이점은 무엇일까요

본질적으로 가상의 상황을 구조화하고 후보자들에게 행동 자극을 가하여 반응 행동을 드러내는 과정은 같습니다.

그러나 일반적으로 AC와 DC는 모두 구조화된 평가 프로세스이지만, 목적과 대상 그룹이 다릅니다.

1 | 목적

AC는 주로 특정 역할 또는 승진을 위한 후보자를 선발하는 데 사용되지만, DC는 주로 기존 직원의 경력 성장을 위해 평가하고 개발하는 데 중점을 둡니다.

2 | 초점

AC는 선발 결정을 위해 현재 드러난 행동을 기반으로 역량을 평가하는 데 중점을 두지만, DC는 드러난 행동을 통해 평가하기보다는 스스로 자각하는 개발 요구 사항과 성장 잠재력에 중점을 둡니다.

3 | 참가자 선정

AC는 일반적으로 승진 후보자를 대상으로 하므로 현재 보직자는 대규모의 리더 선발 이슈가 있지 않으면 참가자로 선정하지 않습니다. DC는 일반적으로 고잠재력 또는 경력 개발을 위해 추천된 잠재 후보군뿐만 아니라 재직 중인 보직자, 신규 보직자 등을 대상으로 합니다.

4 | 기간 및 활동

AC는 기간이 다양하지만 일반적으로 짧으며, 상대적으로 피드백보다는 대상 역할에 대한 적합성을 평가하는 데 집중합니다. DC는 AC에 비해 긴 시간이 진행되며, 개인마다 피드백을 제공하고, 개인 맞춤형 개발 계획 수립과 같은 참가자의 역량을 개발하는 데 목적을 둔 더 광범위한 활동을 포함합니다.

5 | 결과

AC는 선발/승진 결정에 주로 반영하고, DC는 개인 맞춤형 개발 계획을 수립하는 데 반영됩니다.

결론적으로 AC가 최고의 잠재 인재를 선발하는 것에 중점을 둔다면, DC는 "개인 맞춤형 개발 계획"을 수립하는 데 중점을 둔다고 볼 수 있습니다.

AC/DC 프로그램 구현 시 고려해야 할 건 무엇일까요

AC/DC의 효과를 극대화하려면 분명한 목적, 전략과의 정렬, 질 높은 평가자, 그리고 지속적인 피드백 및 경영층의 강력한 의지 등이 필요합니다.

먼저 평가의 목적과 데이터 사용 방식을 리더에게 명확히 전달하는 것이 중요합니다. 특히 DC를 진행할 때 평가를 동시에 수행한다면 과정 진행 전에 후보자들에게 분명히 전달해야 합니다. 육성 관점에서는 DC과정과 AC과정은 분리되는 것이 바람직합니다. 교육과정이 평가 과정이 되기도 한다면 참가자들이 방어적으로 참여하거나 피드백에 대해서 예민하게 반응하게 됩니다.

공정성 측면에서도 질문이 같아야 하므로 맥락에 따라 후보자

개인의 특징을 보다 심화시켜 나가기가 어려워집니다. 피드백 세션은 리더에게 가치 있는 경험이 되어야 하며, 강점과 개발 우선순위를 파악하고 미래 개발 계획에 대한 몰입을 유도하는 데 도움을 주어야 합니다. 특히 육성에 집중하는 HRD는 DC를 통해 평가 결과를 달라는 HRM의 요구에 수동적으로 대응하지 않는 것이 필요합니다.

둘째, AC/DC를 회사의 전략과 정렬시켜야 합니다. AC/DC의 효과성은 '측정된 역량과 행동이 조직 문화에 완벽하게 부합하고 직위의 기대치를 충족하는지' 여부에 달려 있습니다. 조직의 전략적 우선순위, 미래 리더십 요구사항, 고유한 문화적 맥락과 명확히 일치하지 않으면, 평가는 관련 없는 역량을 측정하거나 조직의 특정 궤적에 맞는 올바른 인재를 선발하는 데 실패할 위험이 있습니다.

조직은 AC/DC를 구현하기 전에 미래 리더십 요구사항을 정의하고 고유한 조직 맥락을 이해하는 데 상당한 시간과 노력을 투자해야 합니다.

셋째, 평가자 훈련 및 피드백 품질이 확보되어야 합니다. AC 결과는 '평가자의 판단, 즉 그 판단의 질'에 기반합니다. '평가자 훈련의 정도'에 따라 AC의 예측 타당성이 달라질 수 있습니다. DC

는 피드백 제공자의 관찰과 행동 해석 역량이 있어야 합니다. 리더가 '자신의 강점과 개발 우선순위를 인식'하도록 돕는 것은 '미래 개발 계획에 대한 몰입'으로 이어져 '리더에게 매우 가치 있는' 경험이 됩니다.

특히 내부에서 평가자를 확보할 때 경험 많고 검증된 외부 평가자보다 평가 역량이 떨어질 수 있으므로 체계적인 평가자 교육이 필요합니다. DC는 참가자들에 대한 구체적인 피드백이 필요하기도 하고, 내부 직원의 피드백에 대해 거부감을 보이기도 하므로 가급적 외부 퍼실리테이터를 투입하는 게 좋을 것 같습니다.

넷째, 다양한 접근과 지속적인 개발루프가 구성되어야 합니다. AC를 진행할 때는 블라인드로 진행하여 후광 효과 등을 억제해야 하지만, 피드백하는 과정에서는 인사평가 자료, 다면평가 자료, 성격검사 등의 다양한 자료가 제공되면 피드백의 품질을 높일 수 있습니다.

또한 DC를 진행할 때는 추가로 코칭 관점에서 후보자의 경험, 성장 계획, 리더로서의 고충 등을 같이 활용하면 피드백의 구체성과 적합성이 더 높아질 수 있습니다. 또한, 일회성 이벤트에서 벗어나 주기적인 워크숍, 피드백 루프, 역량 향상 기회를 포함하는 지속적인 학습 주기로 전환하면 실질적인 행동의 변화를 끌어 나갈 수 있습니다.

다섯째, 의사결정권자의 지지가 꼭 필요합니다. AC 결과에 대한 고위 경영진의 전폭적인 참여와 가시적인 지지가 중요합니다. 일부 경영진은 자신의 인사권을 제약한다는 불만을 가질 수도 있고, 자신이 잘 알고 있는 부하에 대해 가지고 있는 평가와 AC 결과가 다르면 AC 자체를 부정하려 들기도 합니다. 20년을 함께 해온 나보다 몇 시간 관찰한 평가 결과가 맞느냐는 것이지요. 감에 의한 평가보다 다양하고 객관적인 평가를 통해 데이터 기반의 선발을 해야 하는 데에 대한 경영층의 지지가 있어야 이러한 상황을 극복할 수 있습니다.

마지막으로 후보자들의 심리적 안전을 확보해야 합니다. 시뮬레이션이 때로는 이업종을 다루거나, 자신의 직무나 조직과는 관계없는 주제일 때 거부감을 보이기도 합니다. 지금의 상황에서 얼마나 역량을 잘 발휘하는지는 인사평가에서 다루고 있고, AC/DC는 미래의 전략적 변화와 역할 확대 등을 전제로 AI 통합, 경제 불확실성 속 리더십, 하이브리드 환경에서의 변화 대응, 포용적 문화 구축과 같은 현재 및 미래의 과제를 다루는 것임을 공감시켜야 합니다. 또, 앞에서도 이야기했듯이 DC는 평가와 분리하여 평가받는다는 불안감을 없애 주어야 합니다.

결국 리더는 자신을 알아야 합니다. 최근 직원 경험이 강조되고 있습니다. 고령화에 따라 세대에 따라 가치관의 차이가 크게 나타나고, 사회의 민주화 등은 리더십의 영향력이 리더에서 팔로워로 넘어가는 추세를 나타내고 있습니다. 직원 경험은 채용, 온보딩, 업무 수행, 성장, 퇴직 등 직원의 생애 주기 전반에 걸쳐 형성됩니다. 이 과정에서 리더의 행동은 '결정적인 순간Moments That Matter'을 만들어내며 직원의 경험을 긍정적 또는 부정적으로 좌우합니다.

리더는 단순히 지시하고 관리하는 역할을 넘어, 직원이 긍정적인 경험을 할 수 있도록 환경을 조성하고 지원하는 경험 디자이너의 역할을 수행할 것을 요구받고 있습니다.

리더가 직원 경험을 성공적으로 강화하기 위해서는 자기 인식Self-awareness이 매우 중요합니다. 자기 인식은 리더가 자신의 강점과 약점, 가치관, 감정, 행동 방식이 타인(직원)에게 어떤 영향을 미치는지 정확하게 이해하는 능력입니다. 자기 인식이 높은 리더는 자신의 감정과 반응을 더 잘 조절할 수 있으며, 자신의 가치와 한계를 이해하는 리더는 진정성 있고 일관된 리더십을 발휘할 수 있습니다. 자기 인식은 리더가 피드백을 긍정적으로 수용하고, 자신의 경험으로부터 배우며, 필요에 따라 접근 방식을 조정하는 성장 마인드를 갖게 합니다. 자기지각 이론에 따르면 자신의 행동이 변하면 인식과 판단도 변합니다. 리더가 스스로의 행동이 직원 경험에 미치는 영향을 인지하고 긍정적인 행동을 실천하려 노력할 때, 이는 직원들에게 롤모델이 되어 조직 전체의 긍정적인 변화를 끌어낼 수 있습니다.

결론적으로, 리더는 직원 경험의 핵심 주체로서 직원의 생애 주기 전반에 걸쳐 긍정적인 영향을 미치기 위해 노력해야 합니다. 이를 위해서는 특히 자기 행동이 직원에게 미치는 영향을 정확히 파악하는 자기 인식을 바탕으로 끊임없이 성장하려는 자세가 중요합니다.

사람들은 일반적으로 본인의 행동을 관찰할 기회가 많지 않습니다. 또한, 본인이 어떻게 행동하는지를 스스로 잘 알고 있다고 생각하지만, 본인이 타인을 관찰하는 것만큼은 아닐 수 있습니다.

DC는 이러한 사람들에게 본인의 행동을 객관적으로 관찰할 기회를 제공함으로써 스스로 의식하지 못했던 행동 패턴을 명확히 인지Self-Awareness할 수 있는 기회를 제공합니다. 즉 DC 과정에서 나에 대한 타인의 피드백을 통해 평소 본인이 생각하는 본인의 모습과 타인이 바라본 나의 모습 간 차이를 알 수 있게 되는 것입니다. 결과적으로 DC를 통해 우리는 본인의 뛰어난 역량은 무엇인지 부족한 역량은 무엇인지에 대한 자기 성찰Self-Reflection에 도달할 수 있게 됩니다.

　고령화가 리더십의 위기를 몰고 온다면 해결 방법은 결국 리더를 올바로 세우고 그들이 제대로 된 리더십을 발휘하는 것입니다. 미래의 리더로서 얼마나 준비되었는지는 AC로 확인하고 어떻게 발현되고 있는지를 자기 인식시키는 건 DC로 대응해야 할 것입니다. 자, 그럼 리더 각자가 자신의 자리에서 직원 경험을 완성하기 위해 꼭 알아야 하는 자아란 무엇일까요. 다음 장에서 함께 알아보도록 하겠습니다.

장을 마치며

데이터 기반 리더십, 당신의 조직은 준비되어 있습니까?

1. 당신의 조직에서는 리더 선발 시 AC(Assessment Center)와 같은 객관적 평가 도구를 실제로 활용하고 있습니까? 활용하고 있다면, 그 데이터는 인사 의사결정에 얼마나 반영되고 있습니까?

2. 당신의 조직은 DC(Development Center)를 통해 리더가 자신의 행동을 객관적으로 인식하고 변화에 이르게 하는 구조를 갖추고 계신가요? DC를 운영한다면 교육 이후 행동 변화까지 모니터링하는 체계는 존재합니까?

3. 현재 귀사의 리더 육성 프로그램은 '맥락 기반 행동 관찰'이라는 측면에서 어느 정도 현실 업무와 연결되어 있습니까? 획일적 교육을 탈피할 방안은 무엇이라고 보십니까?

4. 귀 조직의 리더는 직원 경험에 있어 어떤 '결정적인 순간(Moments That Matter)'을 만들어내고 있습니까? 리더의 행동이 직원 경험에 미치는 영향력을 실질적으로 측정하거나 피드백하고 계신가요?

5 귀 조직이 직면한 고령화 환경 속에서, 리더 후보군을 어떻게 정의하고 체계적으로 육성하고 계십니까? AC/DC를 전략적으로 도입하거나 고도화하기 위한 다음 단계는 무엇이라고 생각하십니까?

9장

리더는 왜 자기를 알아야 할까요

:

자기 인식

고도성장기와 군사주의 문화는 우리에게 자아의 실현보다는 회사와 조직이라는 시스템에 복종하고 충성을 다하는 것을 우선시하였다. 게다가 연공주의하에서는 누구나 때가 되면 관리자가 되기도 하였고, 직급과 직책을 분리하였어도 여전히 준비되지 않은 리더는 생겨났지만, 권위주의적 체제와 평생직장 환경에서는 리더는 참고 견뎌야 하는 대상이지 문제로 삼거나 극복할 수 있는 대상이 아니었습니다.

그러나 MZ세대의 등장, 성숙한 사회로의 변화, 직장 내 괴롭힘에 관한 법률 제정 등은 독성 리더십의 발현을 용납하지 않게 되었습니다. 리더십은 상대에게 미치는 영향력이며, 이러한 영향력은 행동으로 일상에서 늘 발휘되고 있는 것이나 정작 리더 자신은 자신의 행동을 볼 수 없는 맹점이 있습니다. 따라서 정작 구성원들에 대해서는 관찰하여도 행위의 주체인 자신에 대해 무지합니다. 그렇기에 성찰은 못 해도 지적은 잘하고, 남의 눈에 티끌은 보아도 자신 눈의 들보는 못 보는 것입니다.

리더십의 완성이 영향력을 통한 타인의 행동 변화라면 자신이 어떻게 비추어지는지에 대한 자기 인식이 필요한 시대가 되었습니다. 자신을 객관화하지 않고 편견과 우월감에 사로잡히지 않기 위해서는 나는 누구인가를 알아야 합니다.

기업에서 리더들의 역량 개발을 위해 일정한 자료를 주고 읽은 뒤에 자기 나름의 논리로 방향을 설정해서 발표를 해보도록 하면 참가자들의 발표 내용이나 이슈 구조화, 발표하는 양태가 모두 다르게 나타납니다. 누구는 수치 정보에는 구체적이지만 전체적인 맥락이 형성되지 않고, 누구는 차례대로 정보를 나열할 뿐 전략적 이슈를 정하지도, 이에 대한 해결 방안 제시도 제대로 안 되는가 하면, 누구는 쟁점별로 정보를 요약하고 대안들을 다양한 관점에서 모색하여 일정한 논리 체계로 발표합니다. 왜 비슷한 경력을 가지고 있음에도 구조화된 정보 자극에 서로 다르게 발표가 이루어질까요?

기업, 공공기관, 정부를 대상으로 리더에 대한 역량 평가와 개발을 20여 년을 해오면서 항상 고민이었던 게 '왜 사람들은 동일한 상황에서 서로 다르게 반응하는가'였습니다.

한편으로는 승진시험으로 역량을 평가받거나 역량 개발을 위해 자신의 행동을 보고 문제점을 찾아낸 분들이 항상 하는 질문, 즉 '어떻게 하면 역량을 개발할 수 있을까요'에 대해서 막상 답을 하려면 사람 따라 문제들이 다르고, 때로는 문제는 알겠는데 그것이 가치관이거나 성격, 감정 특성 등일 때 어떻게 조언을 해 줄지 참 고민되었습니다.

평가하면 할수록 사람들의 일반적인 특성보다는 사람마다의 개체성에 대한 이해가 없다면 역량 개발의 효과성이 떨어질 수밖에 없다고 느껴졌습니다. 이런 점에서 사람마다 개체성이 서로 다르게 형성되는 이유는 무엇이고, 이 개체성을 구성하는 과정이나 구성요소를 파악해 볼 필요성을 절감하였습니다. 한마디로 행동의 차이는 개인들의 개체성의 차이이고, 이 차이는 결국 자아가 어떻게 구성되고 형성되어져 있는가에 의한 차이입니다.

자아란 무엇일까요?

인간 행동은 상황이 주는 구조적 자극에 대한 개인들의 발현된 반응이라는 측면에서, 행동의 차이는 결국 개인들의 개체적 차이로 볼 수 있을 것입니다. 이때의 개체적 차이를 우리는 자아라 할 수 있고, 자아개념은 인간의 성장과 발달에 매우 중요하게 작용하는 정체성의 본질입니다.

봉건주의에서 자본주의로 전환하는 과정에서 자아는, 개체로서의 개인은 비로소 독립된 정체성을 갖게 되었습니다. 종교개혁 과정에서 캘빈은 예정설을 주장하였습니다. 처음부터 신은 구원받을 자와 그렇지 못한 자를 정해 놓았으며, 구원을 받을 자들은 청렴하고 엄격한 삶과 땀 흘려 일하는 삶을 통해 영적인 가치를 증명해야 한다고 하였습니다. 이를 통해 상인들의 경제적 이득을 취하기 위한 노력은 혐오스러운 것이 아니라 믿음이 굳건한 자로 인정받게 됩니다. 신의 자녀로 일반화되지 않고, 구원받을 자와 받지 못할 자로 구분되는 가운데 르네상스의 문예 부흥은 근대적 자아와 개인의 가치를 기반으로 자본주의를 꽃피우게 된 것입니다.

자아개념은 개인의 정서적 상태를 대표하는 복합적인 특성으로 자신에 대한 총체적인 지각이며, 개인의 행동에 영향을 끼치는 중요한 요인이고 개인 간의 행동 차이를 낳는 근본적인 원인입니다. 결국 자아개념은 인지적, 정서적, 사회적, 심리적, 신체적인 측면에서 개인이 자기 자신과 주위 환경에 대하여 갖게 되는 느낌, 생각, 태도 등과 같은 개인의 정의적 특성이라고 볼 수 있습니다.

오늘날에는 자아개념은 개인의 전 발달 과정에서 지속적으로 환경과 상호작용을 하고 연관된 활동 및 경험의 축적을 통해 변화되는 것으로 개인의 신체적, 정신적, 사회적 변화에 따라 다양하게 나타날 수 있다고 보며(2016), 자아개념을 신체적 자아, 심리적(정신적) 자아, 사회적 자아로 구분하기도 합니다.

행동이 일어나는 과정은 타인과의 관계에서 환경적 자극에 대한 반응이기에 반응의 시작은 시각, 청각, 후각 등의 감각기관의 자극 수용에서 시작한다는 점에서 신체적 자아가 먼저 작동하고, 자극은 의식 과정을 통해 해석되고 판단되는 것이기에 심리적 자아가 인지적 작용을 한 후에 타인에게 영향력을 행사하는 사회적 자아로 완성된다는 면에서 세 가지 관점에서 자아를 접근하는 것은 프로세스적으로 타당하다고 봅니다. 그러나 이러한 자아관은 시공간적으로 지금 여기에서의 자아를 인식하고 분석하는 데에는 체계적일 수 있으나, 개인들마다의 개별적인 특성이 어떻게 형성되어 왔고 어떻게 형성되어 갈지에 대해서는 개인 서사적인 측면에서는 한계가 있습니다. 그래서 개인의 특성을 형성해 온 과정을 파악하는 측면에서 서사적 자아를 추가하고자 합니다.

즉, 행동기제로서 자아 개념을 신체적 자아, 심리적(정신적) 자아, 사회적 자아와 서사적(환경적) 자아 네 가지 관점에서 살펴 보고자 합니다.

나는 몸이고, 마음이고, 관계이며 역사입니다

신체적 자아는 몸으로서의 나를 말합니다. 나의 행동은 신체 상태의 영향을 받습니다. 예컨대 어제 과음으로 인해 충분히 자지 못한 상황에 있다면 지금 나의 행동은 이러한 몸의 상태를 반영하여 나타날 것입니다. 회의 중 다른 사람의 말에 집중하지 못하거나 일을 하다가 졸 수도 있을 것입니다. 또한 신체의 감각기능이 저하된 상태에 있거나, 특정한 신체기능에 일시적인 문제가 있다면 행동도 그 영향을 받게 됩니다.

신경전달물질에 의해 행동은 다르게 나타날 수 있습니다. 신경전달물질은 신경세포에서 합성되며 신경 말단에서 시냅스 공간으로 분비됩니다. 대표적인 신경 물질로 도파민, 옥시토신, 세로토닌을 들 수 있습니다. 도파민은 성취감, 의욕을 불러일으키며, 옥시토신은 사랑, 애정과 관계되며 세로토닌은 사람을 여유롭고 사교적이며 자신감이 넘치게 합니다. 세로토닌의 분비량이 증가하면 스스로에 대한 강한 만족감을 느끼게 되는 반면, 세로토닌의 분비량이 감소하면 자존감은 저하되거나 좌절과 패배감을 느끼게 됩니다.

뇌의 작용도 행동에 영향을 미칩니다. 예를 들어 편도체는 정서와 관련된 변연계 신경 중추인데 편도체가 과도하게 작동되면 지나친 두려움에 빠지게 되어 불안과 관련한 행동이 나타날 수 있지만 너무 무디게 반응하면 타인의 감정에 대한 공감 능력이 낮게 나타나는 행동을 보일 것입니다.

유전자는 우리가 공유하는 인간의 본성 그리고 다양성 모두를 설명하는 데 도움을 줍니다. 인간의 특질은 유전자 복합체gene complex, 즉 조화롭게 작동하는 많은 유전자의 영향을 받습니다. 예를 들어 우리의 키는 얼굴의 길이, 척수의 크기, 다리뼈의 길이 등을 반영하는데 각각은 환경과 상호작용을 하는 서로 다른 유전자의 영향을 받습니다. 지능, 행복감, 공격성 등과 같은 인간의 특질도 마찬가지로 유전자 집단의 영향을 받는다고 합니다. 공통 패턴에서 사람마다 약간씩 나타나는 변이는 어떤 사람은 키가 크고 어떤 사람은 작은지에 대한 설명뿐만 아니라 어떤 이유로 어떤 사람은 외향적이고 어떤 사람은 내성적인지에 대한 실마리를 제공해 줍니다.

심리적 자아로서의 나는 각 개인이 지닌 다양한 심리적 요인들에 의해 자기를 개념화하거나 규정하며 행동하게 됩니다. 심리적 자아에 주요하게 영향을 미치는 요소들로는 성격, 가치, 욕구, 동기, 흥미, 태도 등을 들 수 있습니다. 개인들이 어떤 성격적 특성이 있고 가치를 가지고 있느냐에 따라 외부 자극에 대한 행동은 개인별로 다르게 나타날 것입니다.

성격이란 개인의 지속적인 행동 패턴을 말합니다. 우리는 흔히 어떤 사람의 성격을 잘 파악하고 있으면 그 사람의 행동을 예측할 수 있다고 합니다. 예를 들어 어떤 사람이 외향적인지 아니면 내향적인지에 따라 특정 상황에서 그 사람의 행동을 예측할 수 있습니다. 이러한 성격을 진단하는 방법으로 유형론과 프로파일 방법으로 크게 나뉘어 사용됩니다. 우리가 알고 있는 유형론의 예로 MBTI를 들 수 있으며, 성실성, 친화성, 정서적 안정성, 외향적 성향, 개방성을 다룬 Big5가 있습니다. 자기를 이해하기 위해서 행동 주체로서 내가 어떤 성격적 특징을 가졌는지 알아야 합니다. 그러나 때로는 인간 행동의 개별성, 개체성을 파악하기 위해서는 유형화하여 환원하거나 일반화하는 접근은 문제가 있을 수 있습니다. 진단 측면에서 질문에 대한 이해와 개념화가 서로 다를 수 있고, 실제 개인들은 자신에 대한 이해가 정확하지 않아서 유형화 과정에서 왜곡이 있을 수 있으며, 상황맥락에 따라 인간 행동은 달라질 수 있기 때문에 무슨 타입이기 때문에 그렇다는 설명은 자칫 잘못된 행동에 대한 자기합리화를 가져다주거나 개발의 의지를 약화할 수 있습니다. 이런 측면에서는 유형화하기보다는 성격 요인별로 특성 정도를 프로파일profile해서 보여주는 진단이 유용할 수도 있을 것입니다.

가치관은 인간의 주관적 부분으로 행동의 방향과 동기에 영향을 주는 심리학적 개념입니다. 구성원이 사회생활에 있어 가치판단이나 가치 선택을 할 때 일관되게 적용하는 가치 기준과 그것을 정당화하는 근거로서 작용하며 인간 행동에 영향을 주는 일반화되고 조직화된 규범적 표준을 말합니다. 개인들은 각자 다양한 가치관을 따르고 있으며, 이로 인해 동일한 자극에 대해서도 개인별로 반응하는 행동들은 다르게 나타납니다. 우리는 TV에서 진보 성향 또는 보수 성향을 가진 사람들이 서로 대립하여 갈등을 만들어내는 상황을 자주 보곤 합니다. 가치관에 의해 나타난 믿음인 신념에 의해서도 행동은 다르게 나타납니다. 가치관과는 조금 다른 부분이 있지만 개인별로 각자 가지고 있는 특정 부분이나 영역에 치우친 생각이나 견해 즉 편견에 따라 행동은 다르게 나타날 수 있습니다. 개인이 가지고 있는 편견의 대표적인 예로서 학연이나 지연을 들 수 있다. 즉 자신이 어떤 대학교를 나왔고, 어느 출신인가에 따라 특정 상황 속에서 타인의 자극에 반응하는 개인의 행동은 다르게 나타나기도 합니다.

　욕구는 인간이 감정으로 무언가 부족한 것을 채우고 싶어 하는 감정이나 심리 상태, 무엇을 얻거나 무슨 일을 하고자 바라고 원함, 혹은 그 욕망을 말합니다. 개인의 행동은 개인이 추구하거나 성취하고자 하는 욕구에 따라 다르게 나타날 수 있습니다. 욕구의 강도는 개인에 따라 다르고, 그 결과 하고자 하는 행동은 다르게 나타납니다. 생존에 대한 욕구가 지나치게 강한 사람은 이게 잘못 되면 나는 어려워지거나 망한다고 생각하여 사적으로는 대화를 잘 하다가도 발표만 하라고 하면 긴장을 많이 하고, 중요한 시험을 앞 두면 배가 아프다거나 상대의 질문에 집중을 못하는 반면에 생존 의 욕구가 낮은 사람은 오히려 실패에 대한 두려움이 적어 어느 상 황에서도 자신 있게 대응하기도 합니다. 또한 명예 욕구도 욕구 정 도에 따라 상대의 비난이나 비판에 대한 행동 반응이 달라집니다.

맥클리랜드D. McClelland는 조직 내 개인의 모티베이션과 관련하여 성취동기, 권력동기, 친화동기의 3가지 동기가 중요한 역할을 한 다고 주장하였고, 인간의 모든 욕구는 학습된 것이며, 개인의 행동 에 영향을 미칠 수 있는 잠재력을 지닌 욕구들의 서열이 개인마다 다르다고 하였습니다.

욕구와 동기 측면에서는 수준level과 상태stage가 중요합니다. 매 슬로우Maslow 관점에서는 욕구가 차례로 충족된다고 하나 실제는 생리적 욕구가 충족되지 않아도 자아실현 욕구가 있을 수 있으며, 욕구 수준이 고차원적인 사람도 저차원적인 욕구에 민감한 상태에 놓일 수도 있을 것입니다. 나의 욕구 수준을 더 고차원적으로 높일 필요가 있지만 한편으로는 특정 시점에 나의 욕구 상태에 따라 관심을 두거나 예민해지는 반응이 나타날 수 있기 때문에 언제든지 나의 행동이 저급해질 수 있음을 신경 써야 할 것입니다. 결국 행동을 통해 타인의 존경을 받기 위해서는 개인적이고 저급한 욕구를 뛰어넘어 고차원 수준의 욕구나 동기부여를 나타내야 할 테니 말입니다.

모든 인간의 사고, 감정, 행동은 다른 사람과 연결되어 있고, 또 그 사람들의 영향을 받으며 본질적으로 사회적 특성을 가집니다. 일생을 통하여 우리는 일상적으로 다른 사람들을 만나고 그들과 상호작용을 합니다. 심지어 혼자만 있는 경우에도 다른 사람들이 우리의 마음을 차지하고 앉아서 우리의 생각에 영향을 미칩니다. 우리는 다른 사람들이 행동하고 말하는 것을 봄으로써 어떤 행동이 옳은지 그른지, 무엇이 좋은지 나쁜지, 그리고 무엇이 참인지 아닌지에 대한 감을 잡을 수 있게 됩니다.

홀라키 관점에서 개인은 시스템이라는 전체의 부분이면서 유기체적인 홀론으로서 독립성을 가진 전체입니다. 즉 홀론은 다른 전체 중 일부인 또 다른 전체입니다. 예를 들어 원자는 분자의 일부이며, 분자는 세포의 일부, 세포는 유기체의 일부입니다. 구성원으로서의 개인은 그 자체로는 독립적이고 전체적이지만 팀의 일부이며, 팀은 사업부의 일부, 사업부는 회사의 일부, 회사는 사회의 일부입니다. 이러한 홀라키 속에서 홀론으로 살아가는 개인은 타인과 지속적으로 상호작용을 하며 살아갑니다. 이처럼 사회 속에서 살아가는 개인으로서의 나는 타자에 의해 규정됩니다. 즉 관계 속에서 내가 존재합니다. 관계 속에서 나를 어떻게 규정하는가에 따라 행동은 다르게 나타납니다. 각 개인은 가족 구성원으로서 가장인 내가 될 수도 있고, 조직에서는 팀장으로서 내가 될 수 있다. 이처럼 나라는 존재는 고립된 개인이 아니라 사회 속에서 지속적으로 다른 사람들과 관계 맺기가 끊임없이 이루어집니다. 이러한 관계 속에서 개인은 각자 개별적으로 가진 관심의 영역과 사회적 책임에 따라 관계 속에서의 나는 다르게 규정됩니다. 자신을 어떤 관계 맥락에서 파악하는가는 앞으로 리더 육성 측면에서 중요한 이슈가 될 것입니다. 기업이 사회적 맥락 속에서 부여된 역할 책임을 이윤 창출과 일자리 제공으로 국한하는 리더의 관심 영역과 사회적 책임이나 사회문제 해결에 대한 역할 책임을 느끼는 리더의 관심 영역은 다를 수밖에 없습니다. 소유는 갈수록 분산되지만 플랫폼 비즈니스와 글로벌 기업의 성장은 기업의 영향력이 더 확대되고, 독과점을 심화시키게 되는데, 이러한 상황에서 빈곤의 바다에 홀로 떠 있는 풍요의 섬은 존재할 수 없을 것이기에 리더의 관계적 자아를 확장시키는 것은 매우 중요한 이슈입니다. 또한 관계적 자아 측면에서는 행동은 결국 타인에 대한 영향력 행사이기 때문에 관계된 타자에 대한 이해가 중요합니다. 상대는 대화하는 매 순간 감정을 느끼고 자신만의 사고체계에서 작동되고 있기 때문에 상대의 감정 상태나 이해 수준에 따라 행동 반응을 조정해 나가야 상대에게 효과적인 행동 영향력을 줄 수 있을 것입니다.

레빈Lewin은 장이론을 통해 개인이 환경의 변화에 대해 어떻게 대응하는지 살펴보았습니다. 인간의 행동은 그를 둘러싼 환경이나 상황 즉 장의 영향을 받는다는 것입니다. 우리는 개인이 당면하고 있는 환경이 그의 사회 세계에서의 생각, 감정, 행동에 얼마나 심대한 영향을 미치는지 즉 상황의 힘에 대한 영향력을, 경험을 통해 보아 왔습니다. 내가 한국이라는 나라에 태어났는지, 미국에서 태어났는지에 따라 다른 성장 환경에서 영향을 받는 나의 행동은 크게 다를 것입니다. 현재의 나의 모습, 내가 가진 정서나 열등감 등은 서사적으로 형성되어 왔을 것입니다. 심리적 자아도 결국 내가 어디서 태어나고 성장해 왔는가를 통해서 영향을 받는 것입니다. 한편으로는 지금 나의 삶이 행복하다고 느끼는가, 불행하다고 느끼는가. 지금 나는 역량이 충분하다고 판단하는가, 부족하다고 판단하는가에 따라 지금 나의 행동은 긍정적 반응이 많이 나타날 수 있고, 부정적 반응이 많이 나타날 수 있습니다. 그럼 나는 지금 왜 행복하고 불행할까? 결국 이전 삶의 궤적들이 오늘의 상황을 만들어 놓았을 것입니다. 이런 측면에서 자신의 서사적 삶을 어떻게 바라보고 평가하느냐는 행동 동인을 이해하는 데 필요한 요소입니다.

60대에 은퇴, 70대에 삶의 정리라는 사회적 사이클이 작동되지 않고 100세 시대를 넘어 120세 시대가 온다면 우리는 인생을 한 번 더 살아야 할 텐데 미래의 나는 무엇을 할 것인가는 결국 지금 무엇을 하고 있는가가 결정하지 않을까요? 최근 일부에서 강조하고 있는 영성 리더십은 자아 측면에서는 공간적으로 관계적 자아를 확장해 나가고 시간적으로는 현재를 넘어 미래로 관심을 갖는 리더를 의미한다고 보입니다. 행동은 사고의 결과라고 한다면 영적인 리더의 관심이 보다 초월적이고 영속적인 이슈로 확장될 때 조직도 사회도 더 성숙해지고 생존 지속성이 높아질 것이라고 보입니다.

나를 안다는 것은 결국 몸을 알고 내 생각과 마음을 알고, 나와 세상의 관계를 알며, 나의 삶의 역사를 바라보는 것입니다. 리더십에 정답이 없는 세상에서 실존적으로 지금 여기에서 리더로 존재하고 영향력을 발휘해야 한다면 나는 누구일까를 자각하여 효과적으로 타인에게 적절하고도 깊은 영향을 주어야 할 것입니다.

나를 존중하고
자신을 격려합시다

자아는 크게 자아개념, 자아존중감, 자기효능감의 세 가지 핵심 구성 요소로 나눌 수 있으며, 이들은 서로 밀접하게 연관되어 개인의 심리적 건강과 행동에 영향을 미칩니다.

자아개념은 '나는 누구이며 무엇인가'에 대한 인지적 깨달음을 의미한다고 하였습니다. 이는 개인이 자신에 대해 가지고 있는 신체적 특징, 개인적 기술, 특성, 가치관, 희망, 역할, 사회적 신분 등을 총체적으로 포함하는 자기 인식입니다. 자아개념은 출생 이후 환경과의 상호작용을 통해 형성되며, 연령이 증가함에 따라 구체적인 것에서 추상적인 것으로 변화하며 발달하여 옵니다.

자아존중감은 자신의 존재에 대한 긍정적 또는 부정적 견해로, 자아에 대한 감정적 측면이자 인간에게 존엄성을 부여하는 요인입니다. 이는 개인이 자신을 얼마나 가치 있고 유능하며 중요하다고 믿는지를 나타내는 정서적 평가입니다. 자아존중감은 주로 중요한 타인과의 상호작용에서 싹트고, 작은 성취나 칭찬, 성공 경험을 통해 형성됩니다. 유아기에는 자아존중감이 높은 편이나, 아동기에 들어서면서 자신을 여러 영역에서 객관적으로 평가하게 됨에 따라 보다 현실적인 수준으로 조정되는 경향을 보입니다. 자아존중감 형성에 영향을 미치는 주요 요인으로는 부모의 온정적이고 수용적인 양육 태도, 출생 순위(맏이나 외동이 높은 경향), 사회경제적 지위, 그리고 개인이 지각하는 사회적 지지 수준 등이 있습니다. 자존감이 낮으면 타인에 대한 적대감, 냉소적인 반응, 충동적 행동, 비행 가능성이 높아질 수 있으며, 스트레스 상황에 직면했을 때 우울과 같은 부적응적 정신 상태에 빠지기 쉬운 경향을 보입니다.

자기효능감은 자신이 스스로 상황을 극복하고, 자신에게 주어진 과제를 성공적으로 수행할 수 있다는 신념이나 기대를 의미합니다. 높은 자기효능감은 과업 지향적인 노력을 촉진하여 높은 성취 수준에 도달하게 하지만, 낮은 자기효능감은 자신감을 저하시키고 성취 지향적인 행동을 위축시키며, 극단적인 경우 자신이 아무것도 할 수 없으며 실패할 수밖에 없다는 '학습된 무력감'으로 이어질 수 있습니다. 자기효능감은 작은 성공 경험의 축적, 비슷한 또래 모델의 성공 관찰(대리 경험), 그리고 칭찬과 격려(언어적 설득) 등을 통해 높일 수 있습니다.

자아개념, 자아존중감, 자기효능감은 서로 독립적인 개념이면서도 상호 유기적으로 영향을 주고받습니다. 자아존중감은 삶과 일을 하는 과정에서 얻어진 자기효능감의 결과이자 자신에 대한 정체성을 확인하는 중요한 과정입니다. 즉, 특정 과제를 성공적으로 수행할 수 있다는 믿음(자기효능감)이 쌓이면, 이는 자신의 존재에 대한 긍정적인 평가(자아존중감)로 이어지고, 궁극적으로 '나는 누구인가'라는 자기 인식(자아 정체감)을 강화하는 데 기여합니다.

이러한 구성 요소들의 상호작용은 자아가 단순히 고정된 실체가 아니라, 개인이 자신에 대해 생각하는 방식(자아개념), 자신에 대해 느끼는 방식(자아존중감), 그리고 자신이 무엇을 할 수 있다고 믿는 방식(자기효능감)이 역동적으로 상호작용하는 복합적인 체계임을 보여줍니다.

변동성이 심하고 불안한 시대에 모든 구성원들은 결국 리더를 보고 의지하게 됩니다. 이러한 시대에 리더는 자기를 객관화하여 자기 이해를 심화시키고 자신을 존중하고 자신감을 보여주어야 합니다. 위기의 시대에 흔들리지 않는 등불이 스스로 되어주어야 합니다.

끊임없이 나를
건강하게 변화시켜야 합니다

늙어가고 빨리 변하는 시대의 리더로 생존하기 위해서는 나보다 더 뛰어난 직원들과 함께하고, 외부의 네트웍과 협력하며, 때로는 나보다 나이 많은 직원들을 이끌어야 합니다. 게다가 다면평가를 통해 끝없이 나를 객관화하고, 전통적인 가치관을 거부하는 세대를 포용해 나가야 합니다.

또한 급변하는 현대 사회, 특히 디지털 시대가 자아에 미치는 영향은 복합적이며, 건강한 자아를 유지하기 위한 새로운 접근 방식이 요구됩니다.

'건강한 자아'는 더 이상 고정되거나 단일한 실체가 아닙니다. 대신, 이는 다양한 정체성을 탐색하고, 현실과 디지털 자아의 경계를 유연하게 넘나들며, 내면의 갈등과 외부의 요구를 통합하고, 끊임없이 변화하는 환경에 적응하며 성장하는 회복력 있고 통합적인 자아를 만들어 가야 하는 과정에서 얻어질 것입니다. 건강한 자아를 위해 다음과 같은 노력이 필요합니다.

1 | 리더의 자아는 타인에 의해 완성됨을 인식

리더는 타인에게 영향력을 행사하여 자신의 의도를 실현해 나가는 것이기에 타인에게 인식되는 자아에 대해 항상 객관화해야 합니다. 다면평가뿐만 아니라 다양한 거울을 일상 생활에서 만들어야 합니다.

2 | 공감 및 포괄성 우선시

자아는 타인과의 상호작용 속에서 형성되고 발전하므로, 건강한 대인 관계와 사회적 지지 시스템을 구축하는 것이 자아의 긍정적 발달에 필수적입니다. 사회적 지지 시스템의 강화, 조직 내에서의 지지적 관계 형성은 개인의 건강한 자아 발달에 필수적입니다. 적극적으로 경청하고, 다양한 관점을 이해하며, 모든 팀 구성원이 가치 있고 리더가 나에게 경청한다고 느끼는 관계를 구축하십시오.

3 | 디지털 자아 및 전략적 통찰력 개발

기술이 가치를 창출하는 방법을 이해하고, 미래에 대해 전략적으로 사고하며, 계산된 위험을 감수할 의향을 가지십시오. 한편 디지털 자아의 확장은 자기 표현의 기회를 제공하지만, 동시에 현실 자아와의 괴리나 과시적 자기 표현으로 인한 심리적 부담을 야기할 수 있습니다. 건강한 자아를 위해서는 꾸며진 이미지가 아닌 진정성 있는 자기 표현을 통해 온라인 정체성과 실제 자아 사이의 간극을 줄이고, 자기 수용감을 높이는 것이 중요합니다.

4 | 평생 학습에 전념

빠르게 변화하는 세상에서 관련성을 유지하고 효과적인 리더가 되기 위해 지속적으로 새로운 지식과 기술을 추구하십시오. 자아는 청소년기에 '나는 누구인가'라는 정체성 위기를 겪으며 시작되어, 노년기에는 자신의 삶을 돌아보고 수용하며 자아 통합을 이루는 등 전 생애에 걸쳐 변화하고 성숙합니다. 각 발달 단계의 심리사회적 위기를 긍정적으로 해결하고 지속적인 자기 성찰과 성장을 추구하는 것이 건강한 자아를 유지하는 데 중요합니다. 이는 자아를 고정된 실체가 아닌, 끊임없이 '되어가는' 존재로 인식하고, 변화에 대한 유연성과 적응력을 키우는 과정으로 존재해야 합니다.

리더십은 이론적인 유형의 흉내 내기가 아니라 자아의 발현입니다

고령화와 디지털 전환이라는 거대한 사회 변화는 조직 내 구성원들의 다양성을 심화시키며, 획일적인 리더십 접근 방식의 한계를 더 분명하게 드러내고 있습니다.

많은 리더십 이론은 효과적인 리더의 특성이나 행동을 유형화하고 일반화하는 데 중점을 두었습니다. 변혁적 리더십, 서번트 리더십, 상황적 리더십 등이 그 예시입니다. 하지만 이러한 이론들은 다음과 같은 측면에서 리더와 구성원들의 '개성'이 충돌하는 현실을 온전히 담아내지 못합니다.

리더십 이론은 대체로 '모든 구성원에게 긍정적인 영향을 미칠 수 있는' 이상적인 리더의 행동 양식을 제시합니다. 예를 들어, "리더는 경청해야 한다", "공감해야 한다" 등 입니다.

하지만 현실의 리더는 자신의 고유한 성격, 과거 경험, 감정, 스트레스 관리 방식이라는 개성을 가지고 있습니다. 타고난 내향적인 리더가 활발한 소통을 요구받거나, 성과 지향적인 리더가 팔로워의 감정까지 섬세하게 돌보라는 요구를 받을 때, 이론과 현실 사이의 괴리감을 느낄 수 있습니다.

리더의 개성과 맞지 않는 이론적 지침을 억지로 따르려다 보면 진정성이 부족한 리더십으로 비춰지거나, 리더 스스로의 번아웃으로 이어질 수 있습니다.

한편으로는 리더십 이론은 종종 구성원들을 리더의 행동에 반응하는 다소 수동적이고 획일적인 존재로 간주하는 경향이 있습니다. 상황적 리더십처럼 팔로워의 성숙도를 고려하기도 하지만, 이는 여전히 제한된 틀 안에서의 분류입니다.

현실의 구성원들은 리더십 이론이 제시하는 범주를 넘어서는 다양한 개성, 기대치, 동기, 심리적 니즈를 가지고 있습니다.

예를 들어, 어떤 구성원은 독립적인 업무 환경에서 최대한의 자율성을 원하지만, 다른 구성원은 리더의 세심한 가이드와 피드백을 선호할 수 있습니다. 한 리더가 '좋은 리더십'이라고 생각하며 제공한 자율성이 어떤 팔로워에게는 '방임'으로 느껴질 수 있고, 세심한 피드백이 다른 팔로워에게는 '마이크로 매니징'으로 느껴질 수 있습니다.

리더십은 자아와 자아의 만남에서 완성됩니다

이제 리더들은 '개성 간의 충돌'을 인정하고, 이를 이해하며, 유연하게 조율해 나가는 능력을 키워야 합니다. 리더는 자신의 개성을 인식하고, 구성원 개개인의 다양성을 존중하며, 상호 이해를 위한 끊임없는 소통과 공감 노력을 통해 진정한 리더십을 발휘해야 할 것입니다. 리더십의 완성은 리더와 구성원이 일상에서 주고받는 경험 속에 있습니다.

리더와 구성원 각자가 고유한 '자아'를 가진 존재이기에, 리더십은 단순히 역할 수행을 넘어선 두 자아의 만남과 상호작용으로 이해되어야 합니다. 리더십은 리더와 구성원이라는 두 고유한 자아가 일상적인 경험 속에서 끊임없이 만나고, 서로에게 영향을 주고받으며, 함께 성장해나가는 역동적인 과정입니다.

리더는 구성원에게 특정 역할과 성과를 기대하고, 구성원은 리더에게 지원, 지침, 인정 등을 기대합니다. 이러한 기대는 각자의 자아에서 비롯되며, 서로의 자아에 대한 인식이 리더십 경험의 질을 결정합니다. 기대가 충족되거나 긍정적인 인식이 형성될 때, 두 자아는 더 조화롭게 상호작용하며 시너지를 창출합니다.

리더와 구성원은 일상적인 업무 속에서 다양한 감정을 느낍니다. 그러나 동일한 자극에 대해서 서로 다른 감정을 느끼고, 감정을 표현하는 방식은 다 다릅니다. 리더가 구성원의 감정을 공감하고 이해하려 노력할 때, 구성원은 자신이 존중받는다고 느끼고 리더에게 더 마음을 열게 됩니다. 이는 구성원의 자아가 안전하다고 느끼는 중요한 순간입니다.

또한 두 자아가 만나면 필연적으로 의견 차이와 갈등이 발생할 수 있습니다. 이는 각자의 가치관, 목표, 해석 방식이 다르기 때문입니다. 개성이 존중받고 자아실현의 욕구가 높은 세상에서 나는 나를 얼마나 알고 있을까요, 타인에 대해서도 얼마나 알고 있을까요. 빛나는 직원 경험이 이루어지는 순간은 나를 알고 상대를 아는 맥락에서 바로 그 순간을 놓치지 않을 때 완성될 것입니다.

장을 마치며

우리 리더들은 진정한 자신을 이해하고 변화하는 세상을 이끌 준비가 되었습니까?

1. 리더들은 자신의 리더십 행동이 타인에게 어떻게 비치는지를 객관적으로 파악하고 있습니까? 혹시 '자신은 볼 수 없는 맹점' 때문에 자신을 이해하는 데 어려움을 겪고 있지는 않나요?

2. 리더의 행동은 '자아의 개체성'에서 비롯된 일관된 실패나 비효과적인 패턴의 반복입니까? 또한 리더들은 상황에 따라 반응 행동이 달라야 함을 알고 있습니까?

3. '타인에 의해 규정되는 관계적 자아'의 관점에서, 리더들은 리더십 관심 영역과 사회적 책임을 얼마나 확장하고 있습니까?

4. 불안하고 불확실한 BANI 시대에, 리더들은 '건강한 자아'를 유지하고 끊임없이 변화하기 위해 어떤 노력을 하고 있습니까?

5. 리더십 교육이 '실패'하는 근본적인 원인을 인지하고, 리더 개인의 역량 개발을 넘어 조직 시스템과 문화를 함께 변화시키려 노력하고 있습니까?

부록

AC/DC 운영 사례

DC 운영 사례

① 1단계

역량×기법 매트릭스(Matrix)를 설정합니다. 대부분의 기업들은 자체 역량 모델을 가지고 있기 때문에 역량×기법 매트릭스를 구조화만 해주면 됩니다. 만약 역량 모델이 필요할 경우 역량 모델링 절차를 추가하면 됩니다.

[그림 1] **역량×기법 Matrix**

역량명	진단 내용	하위 역량		PT	RP	IB
전략적 사고	중장기적 관점에서 사업/업무의 방향성을 제시하고, 변화/혁신을 주도	비전 제시	회사의 지속 성장을 위한 조직의 비전을 수립하고 공유한다. 단기 이익만 추구하지 않고 장기적 이익 극대화를 고려하면서 업무를 결정하고 추진한다.	●		
		변화혁신	글로벌 환경, 기술, 고객에 대한 깊은 이해와 통찰로 새로운 사업 기회를 발굴한다. 현재에 만족하지 않고 임직원과 함께 끊임없이 변화와 혁신을 실천하고 지원한다.		●	●
성과 지향	협력, 갈등 관리를 하며 신속한 의사결정과 강한 실행력으로 성과를 창출	개방적 협력	조직 간 경계 없이 협업할 수 있는 체계를 구축하고 협업을 독려한다. 조직 간 복잡한 이해관계를 조율하여 갈등을 해결한다.		●	●
		실행력	조직 전체 관점에서 환경 변화, 전략 방향, 리스크 등을 고려하여 적시에 최적의 의사결정을 내린다. 예상치 못한 어려움이 있어도 강한 추진력으로 목표 이상의 성과를 창출한다.			●

역량명	진단 내용	하위 역량		PT	RP	IB
동기 부여	권한 위임, 소통을 통해 신뢰를 구축하고 칭찬과 인정 등을 동기부여	동기부여	권한 위임이 필요한 사업 영역을 찾고, 적임자를 선정하여 믿고 맡긴다. 열린 마음으로 다양한 의견을 수용하고 상하 간 원활히 의사소통한다.		●	
		신뢰 구축	성과 평가의 중요성을 강조하고 공정한 평가 문화 구축을 위해 노력한다. 임직원들이 달성한 업무 성과 및 노력에 대해 진심이 담긴 칭찬과 인정을 해준다.		●	
인재 육성	우수 인재를 확보/유지하고, 코칭/멘토링을 통해 경력 성장을 지원	인재 확보 및 유지	신규/중장기 사업 전략 달성에 필요한 글로벌 핵심 인재를 확보 및 유지하기 위해 노력한다. 회사의 주요 보직에 대한 후계자(Successor)를 체계적으로 발굴하고 육성한다.		●	●
		성장 지원	사업별로 필요한 전문 영역에 대한 최고 수준의 역량을 갖출 수 있도록 적극 지원한다. 주요 리더의 경력 개발을 위한 코칭/멘토링을 실시한다.		●	

② 2단계

역량과 기법에 맞추어 과제를 개발합니다.

②-1 소재 발굴

[그림 2] 사례 도출 워크시트 소재를 활용하여 해당 회사의 전략적 사례나 실제 현업자 이슈를 파악합니다. 다양한 방식으로 파악된 자료는 시뮬레이션 과제에 반영함으로써 보다 업무에 현실적인 도움을 줄 수 있게 됩니다.

[그림 2] **사례 도출 워크시트**

〈'혁신·전략' 사례〉

사례		작성자	
담당 조직			
배경 상황			
주요 고려 이슈	1		
	2		
	3		
전략			
장애 요인			

〈'리더십 고충' 사례〉

사례		작성자	
주요 이슈			
해결 방안			

사례		작성자	
주요 이슈			
해결 방안			

②-2 참가자용 과제 개발

과제의 적절한 이슈를 구성하여 가상의 구체화된 스토리를 설계합니다. 이때 만들어진 참가자용 과제는 참가자가 해결해야 할 미션과 이와 관련된 정보들에 대한 구체적인 자료로 제공됩니다.
다음 [그림 3]은 교육용 과제로 사용되는 자료의 예시입니다.

[그림 3-1] **교육용 과제 표지 및 목차**

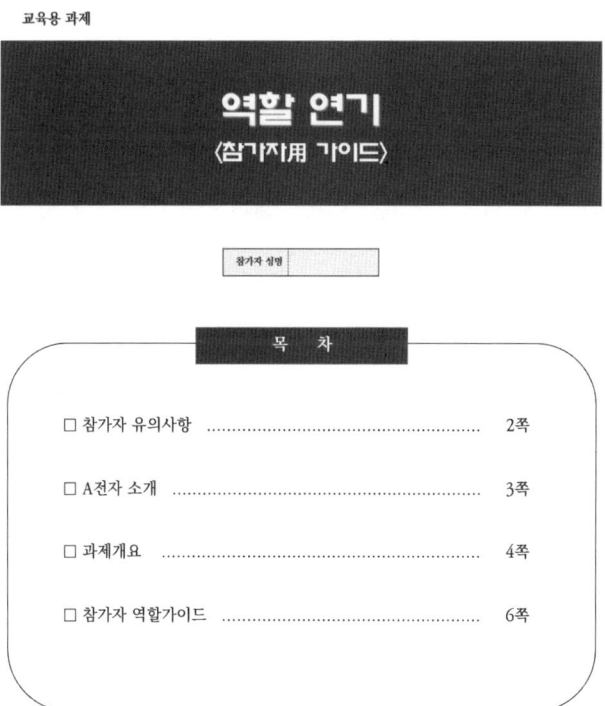

[그림 3-2] 과제 유의사항 안내

〈참가자 유의사항〉

| 일반적 유의사항 |

- 자료(실행 과제)를 받으면 먼저 빠진 페이지가 없는지 확인합니다.

- 지금부터 귀하는 A전자 미래전략본부 로봇그룹 오대환 그룹장입니다.

- 진지한 자세로 최선을 다해 역할을 수행해 주시기 바랍니다.

| 과제 수행 시 유의사항 |

- 실행 과제는 현실의 상황을 반영하여 교육 목적에 맞게 재구성된 것입니다.
  그 내용이 다소 현실과 다르더라도 주어진 상황에 맞게 논의를 진행합니다.

- 제시된 과제를 해결하거나 퍼실리테이터의 질문에 답할 때에는 주어진 자료에 기반하여야 합니다.
  특히, 가상조직인 로봇그룹의 그룹장 역할이므로 실제 본인 소속 조직의 상황을 그대로 제시하거나 실제 담당하고 있는 특정 업무 내용을 기반으로 논의를 진행해서는 안 됩니다.

- Development Center는 참가자의 지식이 아니라 문제를 해결하는 행동 방식을 평가하는 과정입니다.
  의도적으로 치장된 또는 비현실적인 행동을 하는 경우, 좋은 평가를 받지 못할 수 있습니다.

[그림 3-3] 과제 개요

참가자
미래전략본부
로봇그룹장
오대환 부장

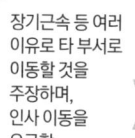

장기근속 등 여러
이유로 타 부서
이동을 희망하는
이기용 과장을
만나 부서에
잔류해 줄 것을
설득해야 함

장기근속 등 여러
이유로 타 부서로
이동할 것을
주장하며,
인사 이동을
요구함

FT
미래전략본부
로봇그룹
이기용 과장

1:1 역할 연기(1:1 Role Play)

■ 준비 시간 30분
  역할 수행 시간 10분

■ 상황
• 이기용 과장은 해당 부서에서 6년 이상 근무한 이유와 경력 개발 등의 니즈로 인해 타 부서 이동 의사를 내비침
• 이기용 과장이 이동할 경우 업무 공백이 예상되며, 이곳에 온 지 1년도 안 된 박 과장, 사원들도 역량이 부족하여 이 과장의 업무 도움이 절대적으로 필요한 상황임
• 이동 사유는 표면적으로는 경력 개발 차원이라고 얘기하지만 부서 및 개인적 문제로 고민하고 있음
• 이에 오대환 그룹장은 지난번 한 차례 면담 이후에도 계속 완강히 이동을 고집하는 이기용 과장과 면담을 진행하고자 함

■ 참가자 역할
• 미래전략본부 로봇그룹장 오대환
• 장기근속 등 여러 이유로 타 부서 이동을 원하는 이기용 과장을 만나 부서에 잔류하도록 설득해야 함

[그림 3-4] 과제 상황 설명

| 상황 설명 |

- 오늘은 2025년 11월 12일입니다.

- 귀하는 A전자 미래전략본부 로봇그룹 오대환 그룹장입니다.

- 잠시 후, 부서 내 이기용 과장과 면담을 진행할 예정입니다. 면담에서 이기용 과장은 이 부서에 오래 근무하였고, 자신의 경력 개발 차원에서 IT 관련 업무로 이동하기를 강력히 희망하고 있습니다.

  - 로봇그룹은 미래 로봇에 대한 기술 개발, 연구, 로봇 적합성 승인 업무를 담당하고 있습니다.
  - 최근 조직 진단 결과에서 팀워크, 조직 몰입, 의사소통 관련 지수들이 낮게 나타났으며, 구성원들의 불만도 많이 있는 것으로 나타났습니다.
  - 또한 이기용 과장은 부서에서 6년 이상 근무해 오면서 피로감과 경력 개발 등의 이유로 IT 관련 부서로 이동 의사를 오대환 그룹장에게 내비치고 있습니다.
  - 이기용 과장이 IT 그룹으로 이동 시, 인력 충원 시까지 업무 공백이 우려되고 있습니다. 나머지 직원들의 역량도 부족하여 이기용 과장의 도움이 절대적으로 필요한 상황입니다.
  - 이러한 상황들을 고려해 오대환 그룹장이 지난번 면담 시 이기용 과장에게 부서에 잔류해 달라고 요청하였지만, 이기용 과장은 부서 잔류에 관한 결정을 미루고 있습니다.
  - 지난번 면담에도 이기용 과장은 잔류 요청에 대해 뜻을 굽히지 않고 다시 오대환 그룹장에게 면담을 요청해 와서 잠시 후 이기용 과장과 면담해야 하는 상황입니다.

[그림 3-5] 과제 형태소(메일 형식)

자료 1. 이기용 과장의 면담 요청 이메일 내용

```
E-mail System
보낸 사람:  로봇그룹 이기용 과장 (kylee@miraeenc.co.kr)
받는 사람:  로봇그룹 그룹장 오대환 부장 (dhoh@miraeenc.co.kr)
보낸 날짜:  2025년 11월 12일 09:40
제목:      그룹장님 면담 요청드립니다
```

그룹장님, 이기용 과장입니다.

지난번 그룹장님과 면담 후 여러가지 고민을 해 보았습니다만, 타 부서로 이동하는 방법이 가장 좋은 것 같습니다. 마침 인사팀에서도 연말 조직 개편을 준비하고 있으니 이번 기회에 자연스럽게 이동하면 좋을 것 같습니다. 지난번 면담 시 그룹장님께서 저의 이동은 어렵고 잔류했으면 한다는 원론적인 말씀만 하셔서 답답한 마음입니다.

특히, 그룹장님이 후배 사원들 잘 챙기라는 말씀은 무척 억울합니다. 본부장님까지 사원들을 두둔하시고 무척 서운합니다. 요즘 저는 후배들을 이해할 수 없습니다. 워라밸이다 뭐다 해서 일찍 퇴근만 하려고 하면서도, 제가 잘 가르쳐 주지 않는다고 뒤에서 험담이나 하고 있습니다. 오히려 제가 거꾸로 사원들 눈치를 보고 있는 상황입니다.

최근 부서 조직 진단 조사 결과가 떨어진 원인이 마치 제게 있는 것처럼 들립니다. 그룹장님께서도 개선 관련 뭔가 방안들을 생각하고 계실 것 같은데 면담 시에 그룹장님의 생각을 듣고 싶습니다.

(내용 중략)

이기용 드림

[그림 3-6] 과제 형태소 (보고서 형식)

자료 4. 로봇그룹 조직 진단 자료

로봇그룹 조직 진단 결과

2025.10.20 | 경영혁신그룹

■ GWP(Great Work Place) 지수
: 주요 항목 (100점 기준)

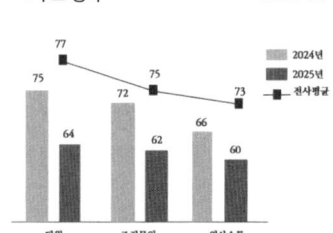

항목	로봇그룹	본부평균
개인과 팀의 성공을 위한 강한 의지를 지니고 있다.	63	70
본연의 업무에 집중할 수 있다.	65	71
누가 무엇을 해야 하는지 역할과 책임을 명확히 알 수 있다.	62	73
업무 수행과 관련한 정보, 노하우 등을 공유한다.	59	72

■ 주요 의견

· 부서의 업무가 특정한 한 사람에게만 몰리는 것 같음. 급하고 중요한 업무라 그럴 수는 있지만, 대리급이 좀 더 큰 업무를 배울 기회가 부족함

· 업무가 많다 보니 내가 뭘 하고 있는 건지 잘 모를 때도 있음. 본부에서 내려오는 업무가 무조건 맡겨지다 보니 정작 내 업무를 하는데 시간이 부족해 매일 야근을 하는 상황임. 후배들은 일 좀 시키려면 정시에 퇴근해 버리기도 함

· 회의가 비효율적임. 관련자만 들어가야 하는데 모든 회의에 들어가는 것은 시간 낭비임

· 구성원들 간 의사소통이 되지 않아 업무상 애로사항이 많음. 업무 관련 회의 시 나온 내용과 정보 등에 대한 공유가 부족함

· 부서 공통업무(혁신 활동) 담당자 선정 시 그룹장님이 혼자 결정하는 경우가 있음. 담당자는 동기부여도 안 되고 부서에 온지 얼마 안 되어 형식적으로 하거나 진행이 더딤

· 업무를 제대로 배우지 못해 다른 사업본부에 근무하는 동기들보다 성장이 더딘 것 같음

[그림 3-7] 과제 형태소 (대화 형식)

자료 5. 입사 동기들과 회식 자리에서의 대화

2025년 10월 25일, 로봇그룹 사원들이 입사 동기들과 저녁 식사를 하면서 이야기를 나누고 있다.

로봇그룹
임정환 사원

입사한 지 거의 2년이 되어 가니 다들 얼굴 보기 힘드네. 다들 잘 지내고 있는 거야?
요즘 우리 부서도 정신이 없어. 매일 바쁘게 보내긴 보냈는데 지나 보면 뭘 했나 모르겠어. 일을 제대로 배운 것 같지도 않고, 매일 이 과장님이 요청한 자료나 챙기고 있고…

로봇그룹
최인호 사원

일 많은 것은 그렇다 해도 그냥 알아서 하라고만 하시니 힘들어. 지난번 작업만 해도 이틀 밤 새서 열심히 해 갔어. 근데 완전히 방향이 틀려서 헛수고만 했어. 이러니 매일 야근이야. 위에서는 워라밸이 중요하다고 하시는데 이래 가지고 뭐 워라밸이 되겠어.

배터리 그룹
김하진 사원

모두 똑같구나. 벌써 그렇게 시간이 지났네. 나도 상황은 비슷한 것 같아. 아직 좌충우돌하고 있는 거지.

모바일그룹
이성철 사원

맞아. 옆에 차분히 앉혀 두고 이 보고서의 기획 배경이라든가 목적을 얘기해 주시면 좋았을 텐데…

배터리 그룹
김하진 사원

우리 부서의 한 과장님은 기획 단계에서 이 보고서의 맥락이나 목적을 설명해 주셔서 좋아. 처음에는 4~5번 수정하던 재작업이 2~3번으로 줄게 되더라고. 처음에는 시간이 조금 걸리더라도 그게 빨리 가는 것 같아. 이렇게 하다 보면 업무 시간에 일도 마칠 수 있고, 일거양득이지.

로봇그룹
임정환 사원

그래도 우리 부서의 이기용 과장님만 하려고. 이 과장님은 자신의 경험이나 노하우는 공유해 주시지도 않고 자료 취합이나 숫자 정리만 시키신다니까. 회의 갔다 오시면 내용을 알려줘야 하는 거 아냐. 그러다 보니 가끔 잘못 작업해서 갈 때 이 과장님이 말귀를 못 알아 듣는다고 화를 내실 때 나도 울컥 하더라고. 우리 그룹장님은 급한 일 내려오면 무조건 이 과장님만 찾으시네. 매번 두 분만 회의하시고, 회의에서는 무슨 말씀을 나누시는 지 알 수가 없어. 또 회의 마치면 이 과장님은 일거리를 엄청 받아 오셔서 힘들어.

로봇그룹
최인호 사원

참, 너희 부서는 그룹별 혁신 활동은 잘 진행되고 있어? 우리는 이 과장님이 바빠셔서 박 과장님이 혁신 과제 담당을 맡으셨는데, 박 과장님은 우리 부서에 오신 지 얼마 되지 않아서 잘 될지 걱정이야. 다만 내가 작년 신입사원 OJT 때 오 부장님이 이와 비슷한 과제를 주셨고, 일해 보면서 개선 아이디어도 있어 박 과장님을 도와드릴 부분도 있을 것 같은데…

②-3 FT용 가이드

만들어진 과제의 자료 요약, 역량별 질문 및 평정 포인트, 참가자들의 행동 발현 예시 등 상세 내용들을 매뉴얼로 구성하여 효과적으로 교육이 이뤄질 수 있도록 합니다.

다음 [그림 4]는 FT용 가이드로 사용되는 자료의 예시입니다.

[그림 4-1] **FT용 가이드 표지 및 목차**

역할 연기
〈FT用 가이드〉

FT 성명

목 차

☐ 과제개요 ·· 2쪽
☐ 첨부자료 요약 ·· 3쪽
☐ FT 역할 ·· 7쪽
☐ FT 질문 ·· 8쪽
☐ 과제 이슈 및 피드백 팁 ···························· 10쪽

[그림 4-2] 과제 개요

참가자
미래전략본부
로봇그룹장
오대환 부장

장기근속 등 여러 이유로 타 부서 이동을 희망하는 이기용 과장을 만나 부서에 잔류해 줄 것을 설득해야 함

장기근속 등 여러 이유로 타 부서로 이동할 것을 주장하며, 인사 이동을 요구함

FT
미래전략본부
로봇그룹
이기용 과장

1:1 역할 연기(1:1 Role Play)

■ 준비 시간 30분
  역할 수행 시간 10분

■ 상황
- 이기용 과장은 해당 부서에서 6년 이상 근무한 이유와 경력 개발 등의 니즈로 인해 타 부서 이동의사를 내비침
- 이기용 과장이 이동할 경우 업무 공백이 예상되며, 이곳에 온 지 1년도 안 된 박 과장, 사원들도 역량이 부족하여 이 과장의 업무 도움이 절대적으로 필요한 상황임
- 이동 사유는 표면적으로는 경력 개발 차원이라고 얘기하지만 부서 및 개인적 문제로 고민하고 있음
- 이에 오대환 그룹장은 지난번 한 차례 면담 이후에도 계속 완강하게 이동을 고집하는 이기용 과장과 면담을 진행하고자 함

■ FT 역할
- 미래전략본부 로봇그룹 이기용 과장

인재 양성 / 대인 통찰 / 참여적 의사결정 / 신뢰 형성 / 효과적인 지원

[그림 4-3] FT 역할

Role play Timeline

과제 숙지 및 기획 시간은 30분이며, 참가자와의 역할 연기 수행 시간은 10분입니다.
전체적인 스토리와 진단해야 할 역량을 고려하여,
참가자의 역량을 어떻게 끌어낼 것인지를 미리 계획하여 주시기 바랍니다.

0:00
- 상호 인사

0:01
- 업무 과중과 후배 사원들과의 갈등, 타 부서와의 이슈, 역량 개발 이슈를 토로하고, 그룹장으로서 어떠한 해결 방안을 강구하고 있는지 질문하십시오.

1. **지난번 면담 이후 피드백이 없어 답답함과 사원들의 태도에 대한 억울함 호소**
   지난번 면담 후 재고해 보라는 답변 외에 별다른 피드백을 받지 못해 답답한 마음과 최근 오대환 그룹장으로부터 후배 사원들을 잘 케어하라는 피드백에 대한 억울한 마음을 이야기하십시오. — 대인 통찰

2. **그룹장의 업무 스타일에 따른 업무 과중 불만 토로와 개선 방안 요구**
   위에서 업무 지시가 내려오면 업무량과 자신 및 구성원의 의견을 고려하지 않고 무조건 임의로 맡기거나, 구성원간의 의사소통이나 비효율적 회의로 업무 수행에 어려움이 있음을 주장하고, 이를 해결하기 위한 방안을 요구하십시오. — 참여적 의사결정

3. **후배 사원들과의 갈등 토로**
   본인에게는 아무런 문제가 없으며, 업무에 잘 몰입하지 않는 후배들의 태도의 문제임을 이야기하십시오. 또한 주어진 일의 처리가 우선이며, 본인의 대인관계 측면의 개선의 필요성을 느끼지 못하고 있다고 이야기하십시오. — 신뢰 형성

4. **타 부서와의 업무 이슈에 대한 압박감 스트레스와 그룹 내 지원이 없음에 대한 서운함 토로**
   업체 선정 관련 반도체그룹 박정호 차장이 급하게 자료를 요청하는 것과 반도체그룹장으로부터도 잦은 전화로 압박을 받고 있음에 대해 호소와 로봇그룹에서의 지원 부족에 대한 서운함을 표현하십시오. 또한 후배 사원들이 잘 협조해 주지 않는 것에 대해 불만을 토로하십시오. — 효과적 지원

0:07

5. **역량 개발에 대한 고민 토로와 육성 계획 요구**
   타 부서 동기는 교육도 잘 가고 육성되고 있는 것 같은데 본인은 바쁜 업무로 인해 교육에 갈 여건이 안 되거나, 잘하고 있으니 교육이 필요 없다는 오대환 그룹장의 무관심에 대한 서운함을 이야기하십시오. 자신의 육성 관련 어떤 계획을 가지고 있는지 질문하십시오. — 인재 양성

0:10

※ 참가자가 그룹장으로서 본인의 역할을 인식하고 있는지를 확인해 주십시오.

[그림 4-4] FT 질문

역량	질문
대인 통찰	• 지난번 말씀드린 것처럼 경력 개발 차원에서 부서 이동을 고려하고 있는데 그룹장님의 생각은 어떠신가요? • 부장님은 제가 사원들을 잘 안 챙긴다고 하는데 억울합니다. 사원들도 마음 같이 잘 따라 주지 않고 어떻게 해야 될까요? • 반도체그룹 박 차장님이나 반도체그룹장님도 계속 닥달하시고 힘이 많이 부칩니다. 어떻게 해야 할까요? • 일이 많다 보니 교육도 못 가고 하는데 입사 동기들에 비해 뒤쳐지는 느낌입니다. 어떻게 하면 좋을까요?
참여적 의사결정	• 제가 회의가 너무 많아서 제 업무에 집중하기 힘듭니다. 제가 모든 회의에 들어가야 하나요? • 지난번 회의 시 제가 맡은 보고서는 김 대리에게 넘겨서 마무리하라고 하셨는데 어떻게 하면 좋을까요? • 박민수 과장이 부서 공통 업무인 혁신 활동 과제를 담당하고 있는데 힘들어하는 것 같습니다. • 진도도 못 나가고 있고 내용도 형식적인 것 같은데 어떻게 해야 할까요?
신뢰 형성	• 사원들은 저보고 일도 잘 안 가르쳐 준다고 하는데 억울합니다. 제가 이 문제에 어떻게 대처해야 하겠습니까? • 저희 그룹의 조직 진단 결과, 여러 문제가 있는 것으로 나타났습니다. 이 문제들을 해결하기 위한 방안은 무엇입니까? • 후배들이 뭘 원하는지 모르겠습니다. 밀레니얼 세대니 워라밸이니 말은 하는데, 제가 무엇을 해야 할까요? • 현 상태에서 프로젝트 리더인 제가 추가적으로 검토 또는 보완해야 할 사항은 무엇입니까?

[그림 4-5] **FT를 위한 TIP**

고령 인력 퇴사로 인한 지식 사일로 관련 면담 시 Tip

구분	세부 내용
문제점	• **지식 유출**: 장기근속 고령 인력의 퇴사는 그들이 보유한 핵심 기술, 노하우, 암묵지(tacit knowledge)의 영구적인 손실로 이어져 지식 사일로(Knowledge Silo) 현상을 심화시킴 • **업무 공백 및 효율 저하**: 해당 인력이 담당했던 업무에 대한 이해 부족으로 인한 업무 공백, 후임자의 생산성 저하, 문제 발생 시 해결 능력 부족 등의 문제가 발생함 • **불안감 조성**: 핵심 지식 유출은 남아있는 구성원들에게 불안감을 조성하고, 팀의 역량 약화로 이어질 수 있음

대응 방안	• **체계적인 지식 이전 프로세스 구축**
	  – 명시적 지식화: 퇴사 예정인 고령 인력의 핵심 업무 프로세스, 노하우, 축적된 데이터를 문서화하고 매뉴얼화하는 작업을 사전에 진행함. 체크리스트, 표준 운영 절차(SOP) 등을 활용함
	  – 암묵지 이전 프로그램: 멘토링, 코칭, 공동 프로젝트 수행 등 1:1 또는 소규모 그룹 형태로 후임자가 퇴사자의 암묵지를 습득할 수 있는 기회를 적극적으로 제공함. 주기적인 지식 공유 세션이나 워크숍을 기획함
	  – 지식 저장소 구축: 공유된 지식과 문서를 체계적으로 보관하고 검색할 수 있는 사내 지식 관리 시스템(KMS)이나 공유 드라이브를 활성화하고, 접근성을 높임
	• **퇴사자 인터뷰 및 자문 활용**
	퇴사 전 '퇴사 인터뷰'를 통해 업무 관련 주요 지식과 발생 가능한 리스크를 확인하고, 필요 시 퇴사 후에도 특정 기간 동안 자문 역할을 요청할 수 있는 방안을 검토함
	• **전문성 인정 및 인센티브**
	고령 인력의 지식 공유 노력에 대해 합당한 인정과 인센티브를 제공하여 지식 이전을 독려함

③ 3단계

만들어진 과제를 활용하여 D/C를 운영합니다. 기본적으로 D/C가 무엇인지 소개하고(그림 5-1) 일정을 안내하며(그림 5-2) 교육 실시 기법 개요(그림 5-3)를 설명합니다. 교육 후 참여자들은 피드백을 주고받습니다(그림 5-4).

[그림 5-1] **D/C 소개**

참가자에게 실제 업무 장면과 유사한 모의 상황(Simulation)을 과제로 제시하고, 이 과제를 해결하는 과정과 결과에서 드러난 역량에 대한 동료와 FT의 피드백을 통해 객관적으로 자신을 인식하고 역량을 향상시킬 수 있도록 돕는 과정임

- 리더가 실제로 수행하는 역할과 밀접하게 관련된 활동을 구조화한 가상의 문제 상황을 제시함
- 문제를 해결하는 과정에서 노출되는 참가자의 행동(외부에서 관찰 가능한 태도, 언어, 활동 등), 반응/응답, 답안 등을 관찰하고 기록함
- 관찰한 기록을 바탕으로 개인의 역량을 진단하고 참가자에게 구체적인 피드백을 제공함
- 지식을 측정하지 않으며, 정답이 존재하지 않음 → **의사결정 과정의 논리, 행동 양식을 측정함**

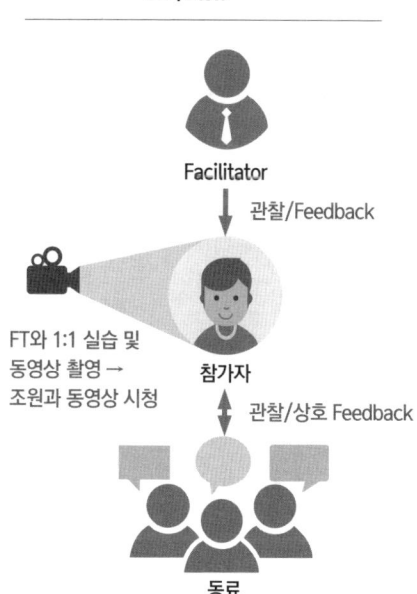

교육 Flow

Facilitator
↓ 관찰/Feedback
FT와 1:1 실습 및 동영상 촬영 → 조원과 동영상 시청
참가자
↕ 관찰/상호 Feedback
동료

부록 | AC/DC 운영 사례   253

[그림 5-2] D/C 일정 안내

시간		모듈	주요 활동
1일 차	10:00 ~ 11:40	역량에 대한 개념 이해 및 공유	• DC 및 AC 소개 • 인간 행동의 기본 이해 • 역량의 개념과 포스코 역량에 대한 이해
	11:40 ~ 12:40		점심
	12:40 ~ 13:10	역량 행동 실습 1. Presentation	• FT 소개 및 상호 인사 • 과제 수행 방법 소개
	13:10 ~ 14:00		• PT 과제 검토
	14:00 ~ 15:00		• 개인별 실습 및 동영상 촬영
	15:00 ~ 17:00		• 개인별 동영상 관찰, 동료 및 FT 피드백
	17:00 ~ 18:00	역량 행동 실습 2. In-Basket	• IB과제 검토 및 답안 작성
2일 차	08:30 ~ 10:00	역량 행동 실습 2. In-Basket	• 상호 답안 공유, 동료 및 FT 피드백
	10:00 ~ 10:30	역량 행동 실습 3. Role-Play	• RP 과제 검토
	10:30 ~ 11:30		• 개인별 실습 및 동영상 촬영
	11:30 ~ 12:20		점심
	12:20 ~ 14:00	역량 행동 실습 3. Role Play	• 개인별 동영상 관찰, 동료 및 FT 피드백
	14:00 ~ 15:10	역량 행동 실습 4. Group Discussion	• GD 과제 검토
	15:10 ~ 16:10		• 실습 및 동영상 촬영
	16:10 ~ 17:40		• 동영상 관찰, 동료 및 FT 피드백
	17:40 ~ 18:00	Wrap up	• Wrap up

[그림 5-3] **D/C 기법 개요**

서류함 기법을 제외한 발표, 역할 연기, 집단 토론은 과제 검토 종료 후 동영상을 촬영하며, 서류함 기법은 작성한 답안을 서로 공유함. 참가자들은 서로의 동영상과 작성한 답안을 공유하며, 퍼실리테이터 및 동료들과 피드백을 주고 받음

[그림 5-4] **D/C 교육 후 피드백 주기 시트**

■ 피드백 주기

관찰 대상자

구분	강점	개발 필요점
발표		
사류함 기법		
역할 연기		
그룹 토의		

A/C 소개

D/C와 다르게 교육 목적이 아닌 선발 및 승진과 관련된 평가 단계입니다. 이와 관련한 자료는 다음과 같습니다.

[그림 6-1] **A사 평가 과제**

발표

상황 개요

신규 투자할 철강 자원 사업 선정 및 진출 전략 보고

[평가자] A상사 부사장 이희준 ↔ [피평가자] A상사 자원개발본부장 박순명

- 미래 신성장동력 확보 차원에서 사업 포트폴리오 다각화를 추진 중임. 이에 철강자원개발실을 신설하고 해외 철강 자원 사업에 신규 투자하고자 함
  → 진출할 철강 자원 사업 1개를 선정하고 신규 시장 진출 전략을 보고해야 함

측정 구조

- **사업 통찰**: 세계 철강 시장 규모 및 전망, 자원별 용도 규모, 채굴 방식 등의 정보를 수집/활용함
- **고객가치 창출**: 자사의 주요 고객사와 이들의 니즈를 파악하여 고객 만족을 위한 가치를 제공함
- **재무적 통찰**: 재무 상황 및 당기순이익 감소, B국 철강업체의 매출 하락 등을 파악하여, 향후 자사 사업에 미칠 영향을 도출함
- **복잡성 관리**: 철강산업은 외부 환경 변화에 따른 가격 변동성이 심하므로 증감 여부에 적절히 대응하기 위한 방안을 마련함
- **실행 관리**: 해외 시장 진출을 위한 전반적인 업무 프로세스를 파악하여 가장 먼저 해야 할 일을 설정함

[그림 6-2] A사 A/C 운영 절차

A/C 평가 프로세스

A/C 사전 준비 - A/C - 결과 보고의 프로세스는 다음과 같음

Phase 1 사전 준비 → **Phase 2 평가 시행** → **Phase 3 결과 보고**

평가 15일 전

평가 대상자 명단 확정
- 평가 대상자 최종 확정
- A/C 안내

평가위원 섭외
- 정부/공공부문 A/C 有경험자(협의 후 확정)

운영위원 섭외
- 제안사 A/C 운영 다수 경험자

평가 7일 전

평가 운영 계획 수립
- 평가 시간표 등 운영 계획 수립(협의 후 확정)
- 평가 투입 인력 명단 공유 (개인별 보안 서약서 별첨)
- A/C 시행 과제(평가자 가이드 포함) 및 A/C 운영 계획 보고서 제출

시설·장비 설치 및 점검
- 시설·장비는 용역계약 체결 후 7일 이내 결정(협의 후 확정)
- 시설·장비 임대·설치, 사전 점검

평가위원 안내
- 평가위원 안내 자료 배포 및 일정 안내

평가 1일 전

평가 운영 준비
- 평가 과제 인쇄(보안 관리)
- 평가 시설, 장비, 물품 사전 준비

운영위원 사전 교육
- 평가 운영 시뮬레이션
- 시간표 및 이동 동선 확인
- 평가시 주의사항 및 돌발 상황 시 대응 요령 숙지

평가 당일

오리엔테이션
- 평가 대상자 A/C 일정 안내, Q&A
- 평가위원 사전 교육
- 운영위원 평가 관련 사항 숙지 여부 최종 점검

A/C 실시
- 각 직급별 2회, 1일
- 5월/10월
- 회당 16~32명 내외
- 장애가 있는 평가 대상자: 준비 시간 1.2~1.5배, 평가 시간 10분 연장

평가 결과 도출
- 평가위원회(조정회의) 개최
- 평가 결과(점수) 도출

평가 후

평가 결과 보고
- 개인별 총점, Pass/Fail 여부, 평균 점수 등
- 조정회의 후 즉시 보고

개인별 피드백 보고서
- 개인 역량별 점수, 역량별 행동 관찰 결과, 역량 개발법 조언 등
- 평가 종료 후 7일 이내

최종 운영 보고서
- 평가 대상자별 평가 관련 자료(평가 채점표 원본, 답안지, 동영상 및 녹취록 등) 제출
- A/C 종합 결과 분석, 개선안 제언 등
- 평가 종료 후 7일 이내
- 파일 및 출력물 제출

[그림 6-3] A사 코칭 운영 절차

사전 미팅
1, 2차 AC 종료 후 당일 실시(0.5hr)

- 상호인사 및 소개
- 피드백 일자 협의
  - 1회 방문 시 여러 참가자와 미팅이 가능하도록 협의

Feedback
AC Report 작성 후 실시(1hr)

Feedback
- 공감과 경청을 기반으로 자기 인식과 성찰 기회 지원
  1) 종합 결과
  2) 역량별 강점과 개선점
     - 강점: 인정
     - 개선점: 수용성 강화(인식개선)
  3) 역량 강화 및 개선 포인트

Coaching 주제 선정
- 강점 및 개선점 중 주제 1~2개 선정
- 참가자 실행 가능한 주제 선정 유도

Coaching
~10월 말까지 완료
단, 주제 실행 기간 2주 이상 고려(1hr)

- **과제 Coaching**
  - 실행 여부 및 결과 확인
  - 실행 과정 및 종료 후 느낌 공유
  - 잘된 것과 잘 안 된 점(근거)
  - 향후 계획(개선 중심)

- **현안 Coaching**
  - 직면한 현안 Issue
  - Issue Coaching
  - 해결안 도출

- **종합 소감**

  * Coaching 일지 작성 후 제출

[그림 6-4] A사 평가 일정

시간	1-A	1-B	~~1-C~~	1-G	1-H	1-I
	1-D	~~1-E~~	1-F	1-J	~~1-K~~	1-L
	Orientation				Orientation	
09:20~09:30	서류함 과제작성	역할연기 준비	발표 준비	서류함 과제작성	역할연기 준비	발표 준비
09:30~09:40					
09:40~09:50					
09:50~10:00		역할연기 B 평가자 을1	발표 C 평가자 병1	휴식	역할연기 H 평가자 무1	발표 I 평가자 기1
10:00~10:10	휴식				
10:10~10:20	서류함인터뷰 A 평가자 갑1	역할연기 E 평가자 을1		서류함인터뷰 G 평가자 정1	역할연기 K 평가자 무1	
10:20~10:30				발표 L 평가자 기1
10:30~10:40	서류함인터뷰 D 평가자 갑1	휴식	발표 F 평가자 병1	서류함인터뷰 J 평가자 정1	휴식	
10:40~10:50					휴식
10:50~11:00	휴식			휴식		
11:00~11:10					
11:10~11:20		서류함 과제작성	역할연기 준비		서류함 과제작성	역할연기 준비
11:20~11:30				발표 준비		
11:30~11:40	발표 준비	휴식	역할연기 F 평가자 을1		휴식	역할연기 L 평가자 무1
11:40~11:50		서류함인터뷰 E 평가자 갑1			서류함인터뷰 K 평가자 정1	
11:50~12:00	발표 D 평가자 병1		역할연기 C 평가자 을1	발표 J 평가자 기1		역할연기 I 평가자 무1
12:00~12:10		서류함인터뷰 B 평가자 갑1			서류함인터뷰 H 평가자 정1	
12:10~12:20	발표 A 평가자 병1			발표 G 평가자 기1		
12:20~12:30			휴식		휴식	휴식
12:30~12:40	휴식			휴식		
12:40~13:10	점심식사			점심식사		

[그림 6-5] A사 평가 결과

구분	1차 수	2차 수	전체
전체 대상자(N)	10명	10명	20명
평균(M)	2.60점	2.61점	2.61점
표준편차(SD)	0.23점	0.25점	0.25점
최대값(Max)	3.10점	3.10점	3.10점
최소값(Min)	2.10점	2.10점	2.10점

- A사 임원 양성 과정 AC에는 총 20명(1차 10명, 2차 10명)이 평가 대상자로 참여하였으며, 1·2차 전체 평균은 2.61점(표준편차 0.25)으로 나타남
- 가장 높은 평균 점수는 3.10점이었으며, 가장 낮은 평균 점수는 2.10점으로 나타남

다시 세우는 인재 전략

초판 1쇄 발행 2025년 10월 24일

지은이 고광모 이종표

편집 공홍
표지 디자인 스튜디오 사지
내지 디자인 공홍

마케팅 총괄 임동건
마케팅 안보라
경영지원 임정혁, 이순미

펴낸곳 플랜비디자인 | **펴낸이** 최익성
출판등록 제2016-000001호
주소 경기도 화성시 동탄첨단산업1로 27 동탄IX타워 A동 3210호

전화 031-8050-0508 | **팩스** 02-2179-8994
이메일 planbdesigncompany@gmail.com | **인스타** @planb_designcompany

ISBN 979-11-6832-217-2 (03320)

- 이 책 내용의 일부 또는 전부를 재사용하려면 반드시 저작권자와 플랜비디자인 양측의 동의를 받아야 합니다.
- 책값은 뒤표지에 있습니다.

ORGANIZATION DEVELOPMENT

03